我那一年的
记事本载满了沉甸甸的
事件和悲伤。

敦煌！
父亲的召唤

常沙娜 著

中国敦煌石窟保护研究基金会
资助出版

中国大百科全书出版社

目录

遥远的敦煌

爸爸说:"沙娜,不要忘记你是'敦煌人。'"
我的名字叫沙娜,沙漠的沙,
很多人都以为是敦煌的缘故。

其实,我出生的时候,敦煌是那么遥远。
我出生在法国里昂。

我叫常沙娜

1927年，我的爸爸从杭州赴法国里昂。
1928年，我的妈妈也去了里昂。
1931年，我出生在那里。

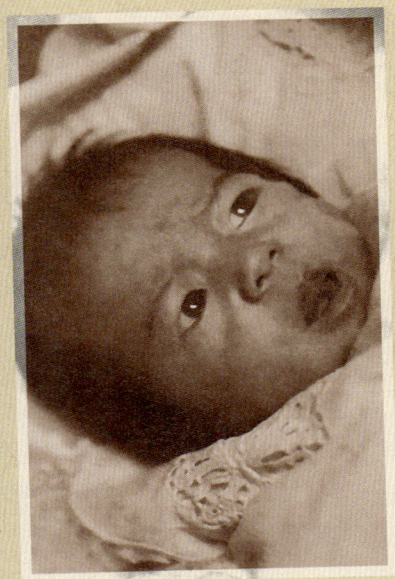

1931 年，在法国里昂出生的常沙娜·

出生数月后的常沙娜，
所穿衣物都是妈妈陈芝秀亲手做的

里昂有两条河，一条叫La Saone（索纳），一条叫Le Rhone（罗纳）。爸爸在里昂国立美专学习的时候，与吕斯百、王临乙商量给未来的孩子取名字：如果是男孩，就叫阳性的Rhone；如果是女孩，就叫阴性的Saone。吕斯百和王临乙是爸爸的好朋友，我也一直称呼他们爸爸。我的中文名字"沙娜"就是Saone的中文译音，是吕斯百爸爸的建议。

　　这首《里昂》是我出生后听到的儿歌：

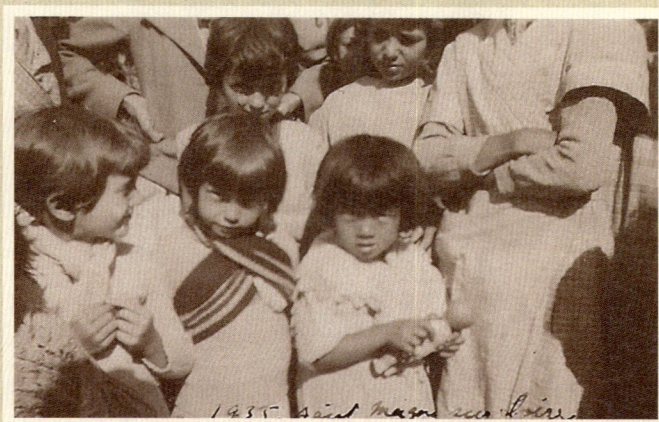

Au clair de la lune　　　在明亮的月光下，
Mon ami Pierrot　　　　我的朋友保罗啊，
Prête-moi ta plume　　　请你把笔借给我，
Pour écrire un mot　　　让我写下一句话。
Ma chandelle est morte　我的蜡烛熄灭了，
Je n'ai plus de feu　　　没火再点燃，
Ouvre-moi ta porte　　　为了上帝的爱，
Pour l'amour de Dieu　　请把你的门打开……

1935 年，幼儿园中的常沙娜

很多年后，我回到里昂，再去看Saone河。见到Saone字样，不禁心潮澎湃，激动不已，仿佛听到时时有人在亲切地呼唤我的名字。

我从巴黎来

> 我决心离开巴黎，而等待着我离开巴黎的是蕴藏着
> 千数百年前民族艺术的宝库的敦煌。

—— 常书鸿

　　我的爸爸叫常书鸿，1927年6月赴法国留学，同年11月考入里昂国立美术专科学校学习油画。1932年夏天，爸爸以窦古特教授油画班第一名的成绩从里昂国立美术专科学校毕业。他参加了里昂全市油画家赴巴黎深造公费奖金选拔考试，并以油画《梳妆少女》获得第一名，顺利进入了巴黎高等美术学校，在法国著名的新古典主义画家、法兰西艺术院院士劳朗斯的画室深造。后来妈妈和我也随之迁到了巴黎。

　　爸爸在劳朗斯院士的画室勤奋学习，成绩优异。他创作的大量画作多次获法国国家级的金质奖、银质奖、荣誉奖。其中《病妇》《裸女》和以我为模特的《沙娜像》被里昂国立美术馆和巴黎

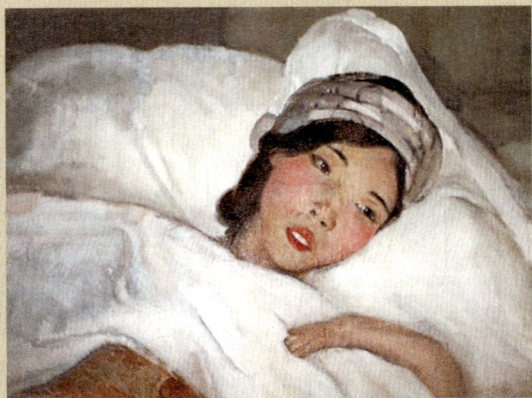

近代美术馆收藏。爸爸颇受老师的器重，被推荐加入了法国美术家协会。

20世纪30年代，在巴黎的中国留学生大多是单身，我家就成了学艺术的中国留学生的聚会场所。巴黎的中国留学生在周末、节假日常常到家里来。著名的"中国留法艺术学会"就是在我家成立的。

大家都喜欢聚到我家来

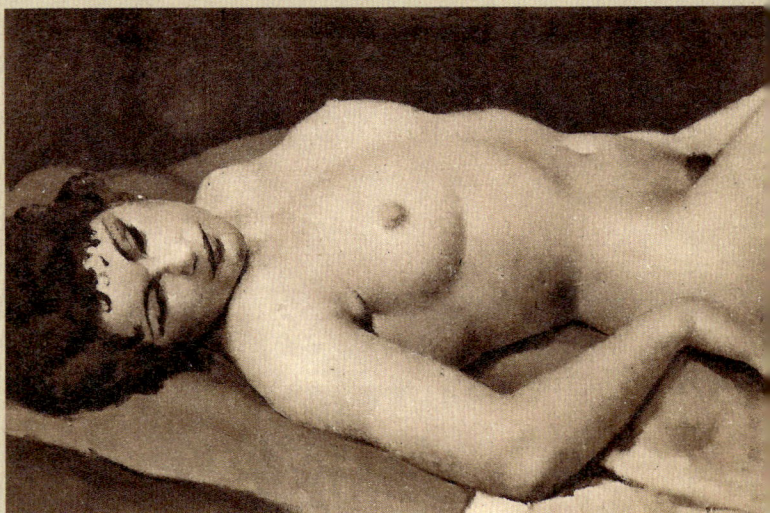

常书鸿：《病妇》，1931年（法国里昂美术馆藏）

常书鸿：《裸女》，1933年（法国里昂美术馆藏）

谈古论今，畅谈艺术，互通祖国的信息。在艺术家聚居的巴黎，除王临乙、吕斯百之外，曾竹韶、唐一禾、秦宣夫、陈士文、刘开渠、滑田友、马霁玉、王子云、余炳烈、程鸿寿、郑可等人都是我家的客人，他们有画油画的，有做雕塑的，有搞建筑的。幼时我家温馨的艺术氛围、浓厚的艺术环境让我度过了非常快乐的童年时光，艺术的种子那个时候也深深扎根在我幼小的心灵里。

　　在巴黎，爸爸妈妈度过了他们充满爱情与理想的青年时代。身处安适环境和幸福心境下的爸爸于1934年创作了油画《画家家庭》，他用考究的蓝绿色调和细腻的笔法，真切地描绘出静谧祥和的家庭气氛。画中突出了妈妈身着中式旗袍的东方妇女形象，也表现了他自己作为成功的青年画家手握画具、踌躇满志的神情；而倚在妈妈怀抱中的我，受宠之态更被满怀爱意的爸爸刻画得惟妙惟肖。此画在巴黎的春季沙龙获得了银质奖，成为爸爸那个时期存留下来的珍贵代表作。

　　爸爸那时三十一岁，他的艺术才华已经使他在法国艺术界

常书鸿：《沙娜像》，1935 年（法国巴黎近代美术馆藏）

崭露头角。我们在巴黎过着安定的生活，有个幸福的家。

　　然而，一本图册却改写了爸爸的命运。一个遥远的地方走进了他的生命。

　　那是1935年秋的一天，爸爸在塞纳河畔一个旧书摊上，无意间翻到了一套六大本的《敦煌石窟图录》，这是法国汉学家伯希和刚刚出版的新书，收录了伯希和在中国敦煌莫高窟拍摄的三百多幅壁画、雕塑作品照片。

　　这些有关敦煌石窟壁画和塑像的照片让他感到震惊。他写道："那是我陌生的东西。这是从4世纪到14世纪前后千余年间的创作。当时，这些壁画和雕塑的图片虽然没有颜色，但可以看到大幅宗教艺术绘画与雕塑的图景。尤其是5世纪北魏早期的壁画，它们的笔触遒劲有力，构图气魄雄伟，人物刻画生

吕斯百在窗口
逗常沙娜玩

在阳台上玩的常沙娜

动有力，其笔触的奔放甚至比现代野兽派的画还要粗野。但这是距今一千五百年的古画，这使我十分惊异，令人不能相信！"第二天，在摊主的指引下，他前往离书摊不远的巴黎吉美博物馆，那里正在展出伯希和从敦煌取得的文献和画卷。爸爸说，这是传承了一千多年的壁画、彩塑，敦煌莫高窟的石窟艺术了不起！而我们作为中国人却都不知道！他说，他一直在法国，崇拜欧洲，崇拜文艺复兴的艺术，而且非常自豪地以蒙巴那斯的画家自居，言必称希腊、罗马。现在面对祖国如此悠久灿烂的文化历史，自责数典忘祖，真是惭愧之极，不知如何忏悔才是！爸爸下定决心要离开巴黎，回国寻访敦煌石窟。

终于，1936年的秋天，爸爸留下我和妈妈先回国了。

1935 年，常书鸿、陈芝秀、常沙娜一家在巴黎

徐悲鸿先生到巴黎常书鸿家中看望留法学生。
左二：秦宣夫，左三：徐悲鸿，第一排右起：唐一禾、郑可、马霁玉、张悟真；
第二排右起：常书鸿、吕斯百、曾竹韶

1934年，中国留法艺术家学会成员在常书鸿家中聚会

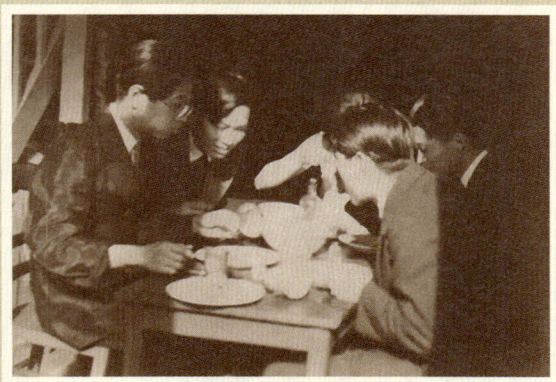

1934 年，中国留法艺术家学会成员在常书鸿家中聚会。
左起：常书鸿、陈芝秀、王临乙、陈士文、曾竹昭、吕斯百、韩乐然

1934 年，好友们周末在常书鸿家中聚餐

1935 年，常书鸿在巴黎与朋友合影。左起：王临乙、常书鸿、吕斯百、李有行

1935 年，常书鸿夫妇在巴黎与朋友们。
左起：陈芝秀、常沙娜、李娜、常书鸿、陈士文

常书鸿：《画家家庭》，1934 年（作于巴黎）

初入国门

爸爸回国后并没有获得直接前往敦煌的机会,他被聘为北平国立艺专教授和西画系主任。

爸爸走了以后,妈妈就在为回国做准备。她买了很多东西,包括不少漂亮的装饰用品;每日憧憬着回国后的新生活。爸爸写信给妈妈说,学校设在北平西城的京畿道,北平艺专已经给我们安排了住房,是很有意思的四合院。

1937年夏天,妈妈带着我乘轮船踏上了回国的旅途。一起上船的还有一大堆大大小小的箱子,其中包括爸爸当年在巴黎画的画,以及妈妈自己的一些小型雕塑作品。就要回国和爸爸团聚了,我真高兴。

我们在茫茫大海上度过了整整一个月。轮船从马赛出发,穿过地中海、红海、亚丁湾,驶过辽阔的印度洋。大海喜怒无常,有时狂风大作,波涛汹涌,庞大的船体玩具似的颠簸摇晃,令人翻肠倒胃;而风平浪静时,大海又平静温柔得如同光滑的绸缎,引发人们许多美丽的遐想。漫长的航程中有妈妈的呵护，我或在舱房里躺躺，玩玩，或到甲板上跑跑，站站，望天水一色的海景，看灿烂似火的晚霞，不懂得大人的辛苦和忧虑。一路我和同船的华侨孩子玩，和法国水手、服务员玩，倒也过得很快活。糟糕的是，有一个水手逗我玩时出了差错，他把我抛到高处，结果没接住，我摔了下来，磕破了下巴，还缝了几针。

正是在我们海上航行的这段时间里，中国发生了震惊中外的七七事变。1937年7月7日，日本"华北驻屯军"在河北宛平县卢沟桥附近挑起战端，军国主义者蓄谋已久的全面侵华战争爆发了。

船上的人是在新加坡得知这一惊人消息的。我们此行的目的地是北平，可是北平突然沦陷了！大人们的惊慌、焦虑可想而知。其后的航程中，船上的气氛明显紧张起来，妈妈和同船的中国人、外国人交谈的话题已离不开战争：北平沦陷，日本在侵略我们的国家……六岁的我尽管不可能明白发生了什么事，

1937年，常沙娜由巴黎乘轮船归国途中与同船小伙伴合影

但那不平静的情境我至今都难以忘怀。

妈妈告诉我："我们不能去北平了，现在快到上海了，你爸爸在上海等我们，我们哪天到，爸爸就会来接我们。"快要见到爸爸了，我听了真高兴，可是妈妈高兴不起来。她在发愁，不知道回去以后局势会怎么样，我们以后该怎么办。船终于到达上海，爸爸在码头接我们，他是七七事变发生后从北平好不容易坐上火车赶到南京，又转来上海接我们的。

总算团聚在祖国，但是卢沟桥的炮声迫使我们一家人踏上了逃难的路。那时我刚六周岁，回到祖国连中国话都不会说，就被卷进了逃难的洪流。从此，我家随着北平艺专，走走停停

1937年，常书鸿在沅陵与艺专的校友们。前排右一：常沙娜；后排左一：常书鸿，左二：霍熙亮，右三：陈芝秀，右二：王合内

地从北向南不停迁移。

杭州是我们战乱逃难之路的第一站。

爸爸妈妈都是浙江人，从国外回到江南故乡感到非常亲切。我到了老家则觉得非常陌生、新鲜。

爸爸在杭州接到北平艺专校长赵太侔发来的电报，北平艺专已经转移到江西庐山的牯岭，要他立即过去会合，开始办学。爸爸赶紧把妈妈和我安顿到上海，独自奔赴江西去了。

北平艺专在庐山牯岭没有停留多长时间，迫于战争的发展又迁到了湖南沅陵。后来国立杭州艺专也迁到了那里，并于1938年初与北平艺专合并，称为"国立艺专"。爸爸担任了迁校委员会委员，战乱时期上千人的大迁徙困难重重，他每天都在不

1937年，常书鸿在沅陵与艺专的校友们。
左二：常沙娜，左三：陈芝秀，左四：王合内，左六：常书鸿，左七：霍熙亮

计其数的事务中忙得不可开交；妈妈和我及其他一些教师的家属则一直跟随学校，在南方各省不断地转移。

当年跟爸爸一起在中国留法艺术家学会的那些青年艺术家们扎实地训练基本功，学习西方的艺术。他们时刻关注着祖国的命运，立志报效国家。那时正是国内要发展艺术教育的时候，爸爸的老同学、好朋友们也都纷纷回国，王临乙、吕斯百、刘开渠等人这时都到了沅陵，大家在逃难路上又聚到了一起。

我们一无所有了

在沅陵时，我才七岁，也开始学着帮助大人干活了。为改善生活，我们养了不少鸭子，那时候我们的住所附近遍地都是茴香草，我经常用割下的茴香草为鸭笼子垫底，茴香和鸭笼的混合气味很不好闻，给我的刺激太深了，至今我一闻见茴香味就想起当年的鸭笼子，结果茴香成了我这辈子唯一不吃的食物。

沅陵的生活很艰苦，和在巴黎时没法比，但爸爸妈妈患难时期和这么多老朋友住在一起——他们有共同留学法国的经历，有共同的艺术理想，正遭遇同样的坎坷；大家同甘共苦，苦中求乐，相互照顾，气氛和谐温馨，又别有一番情趣。忧虑和辛苦都由那时还年轻的大人们承担了，作为孩子，那些日子没有让我记住多少艰辛，反而是留下了许多新鲜和欢乐。

但是灾难很快就来了。

由于日本军队步步南进，国立艺专的庞大队伍经过多日艰难的行程，又从湖南沅陵搬到了贵阳，我们暂时住在位于市中心的一家旅馆里。

1939年2月4日，星期六，是个云开雾散的大晴天。"地无三尺平，天无三日晴"的贵阳难得见蓝天，所以大家都很珍惜太阳，一早就外出活动。王合内喜欢养狗，和王临乙爸爸去郊区遛狗了；爸爸到医院探望国立艺专的滕固校长去了；只留下我和妈妈在旅馆楼上的房间里（吕斯百爸爸、马光璇妈妈随着中央大学——西南联大继续迁校，已经和我们分开了）。时间快到中午，爸爸和王临乙他们还没回来，餐厅就在楼下，妈妈和我索性下楼坐到餐厅里等他们回来一起吃饭。

突然，外面响起了空袭警报，那刺耳的警笛声特别恐怖，让人听了毛骨悚然，餐厅里的人们一下子紧张起来。旁边有人说："没关系的，是演习！"虽然战事已经逼近，但日本飞机还没有轰炸过贵阳，所以人们听到警报一时还反应不过来。谁知警报响过没多久，飞机真的来了，炸弹、燃烧弹呼啸着落到我们头上，只听轰隆一阵巨响，天一下子就黑了。妈妈飞快地拽着我钻到餐桌底下，紧紧趴在我身上。四周昏黑一片，什么都看不见，妈妈喘着气叫我："沙娜！沙娜！"我也哭叫着："妈妈！妈妈！……"

不知道过了多久，轰隆声消失了，轰炸停息了。环顾四周，一片浓烟中，火焰在燃烧，可以看到身边横七竖八躺着血肉模糊的人，那些茶房伙计刚才还好好的，此时躺在那里，断胳膊断腿，流着血，惨不忍睹。地狱般的景象真把我吓坏了。妈妈也吓得浑身发抖，她完全是凭着本能把我拽起来，东倒西

歪地朝着眼前一处亮光走。有国立艺专的人看见了我们，大喊："快出去！往那个亮光去！"妈妈拉着我就从那个方向走出，来到一片空地上。身后旅馆的楼房被炸成了废墟，大火在熊熊燃烧。妈妈筋疲力尽地停住脚步，呆呆地站了一会儿，一下子就跪在地上，再也走不动了。

爸爸那时候正在郊区的医院里，听说日本飞机轰炸市区，赶紧往回走，他越走越害怕，越走越觉得被炸的就是我们住的地方。王临乙和王合内在郊外遛狗，和爸爸在不同的方向，这时也不约而同地往我们的住处赶，同样是越走越害怕。爸爸一

常书鸿：《茶花》，1939 年　　　　　　　　常书鸿：《平地一声雷》，1939 年

路心里念叨着：沙娜怎么样了？芝秀怎么样了？走了好久，总算见到了几个国立艺专的学生，他们说见着常师母了，还好，没有炸着。王合内、王临乙赶到我们那里脸色都青了，我就傻傻地站在妈妈旁边，看着他们。

我们一无所有了！

妈妈准备布置新家的床单、窗帘，给爸爸带回来的那么多画，全都被炸光了！曾经拥有的转瞬间化为乌有，我们孑然一身，不知何处为家……一切都像在梦中，美梦还没做完，就被噩梦击碎了。晚上住哪里？吃什么？穿什么？什么都没有了，学校也无法管了，一塌糊涂，我们成了货真价实的难民……好在人还活着，大难不死。

不久以后，国立艺专又开始分批向昆明迁移，因为昆明还没有落过日本人的炸弹。爸爸先坐卡车到了昆明。当时国立艺专落脚在昆明郊区的安江村，并在乡下开始复课。我和妈妈随

1939 年，常沙娜与母亲陈芝秀

1939 年，常书鸿在昆明重振生活后全家合影

后也跟着去了。但是，学校哪能安置那么多人呢？到了昆明还是无处可去。于是，爸爸又把我们安排到天主教会，在那里住了好久。

我那时就在位于昆明圆通街的一所名叫"上智小学"的教会学校开始上学了。学校是法国天主教会办的，上午学法文，下午学中文，数学课也像一般学校那样上。我的中文就是在那里正式学的。那时候我已经远离恐怖的回忆，很开心了。

在逃难的日子里，爸爸也一直没有搁置他的画笔，贵阳轰炸以后，他重置了一套新的画具继续作画。面对变化万千的战争局势、颠沛流离的不安定生活，他的画表现的依然是艺术家心中的美好，画画的时候是他内心最平静、情感最稳定的时刻。静物画《茶花》《平地一声雷》都是他在昆明时期的作品，《茶花》的画面那么静谧、优美，《平地一声雷》那么富有生命力，充满对美好往事的

常书鸿：《沙娜像》，1939 年

回忆，满怀对和平生活的期盼。

　　在昆明，爸爸还用不少时间为我创作了一幅珍贵的肖像画《沙娜像》——爸爸把我置于一个以装饰性手法营造的安静舒适的儿童房间里，我穿着母亲给我做的新衣裙，新买的凉鞋、白袜子，抱着庞伯母丘堤送给我的自制布娃娃，坐在藤椅上。记得当时爸爸一边画一边和我聊天，给我讲了不少童话故事，画中想象的木马玩具、卡通式的"象群"、有小房屋图案的壁纸，都是和童话故事同时出现的，他幻想出了一幅法国式的儿童乐园图，那熟悉而美好的感觉使尚未走出恐怖阴影的我忘记了战争，在慈爱的父亲身边享受到难得的快乐。

凤凰山上的艺术家

1940年，国立艺专又迁到了四川重庆。重庆是当时的"陪都"、抗日战争期间国民政府的临时所在地。自昆明西迁重庆，爸爸还承担着迁校的事务工作。他安排妈妈带着我随艺专师生员工的迁校大队乘汽车，我们颠簸半个多月，终于到达了重庆。

起初我们先临时住在吕斯百爸爸在郊区磐溪的家中，后来又在重庆凤凰山顶的一幢房子里安了家。凤凰山位于沙坪坝和磁器口之间，在那里我们一直住到1943年随父亲去敦煌的时候，过了两年多相对安定的生活。这时同住在凤凰山上的还有王临乙、王合内夫妇，吕斯百、马光璇夫妇，秦宣夫（秦善鋈）、李家珍夫妇，吴作人等几家人，他们都是"中国留法艺术学会"成员，20世纪30年代在法国早已结下了深厚的友谊。

我们在重庆的生活是和防空警报相伴的，经常得钻防空洞。也许是因为重庆作为山城有着特殊的地形，它的防空洞修得非常好，十分坚固。我记得重庆还有一种很特别的防空警报形式，就是挂灯笼——灯笼挂在很显眼的山坡的长杆上，一个

红灯笼表示有警报，两个红灯笼表示紧急警报（同时鸣笛），再换成一个绿灯笼就表示警报解除；灯笼同时挂在几个方位，人们在远距离都能看到。警报随时都可能发生，只要挂了红灯笼了，大家就得丢下一切往防空洞跑。防空洞四处都有，也不远，我们则是到沙坪坝那边的防空洞去躲避。那时嘉陵刚出生不久，爸爸找了一个

吕斯百：《磐溪的家园》

吴作人：《凤凰山》，1942年（画面右上角为大房崖、厨房及碉堡

吴作人：《凤凰山远景》，1942年（左边的碉堡时为吴作人的住所

大竹篮子，有警报就赶紧把他放在篮子里提着，跑进防空洞。当地人带孩子都是背在背上的，在防空洞里看见爸爸拎着篮子，有人误以为他是卖食品的小商贩，还伸过头来问"你卖什么？"

凤凰山是一座孤零零的山岭，当年山顶上只有我们住的这一所房子。吕斯百当时在中央大学美术系任教，和徐悲鸿一起，我的干妈马光璇在中央大学的外语系教法语。那时中央大学也迁到了重庆，先落脚在磐溪，后来到了沙坪坝。沙坪坝很繁华，除了中央大学，西南联大等学校也都迁到了那里。我们刚到重庆还没到凤凰山的时候住在磐溪吕斯百爸爸家里。那时他家住的是农村房屋，干妈马光璇和我妈妈一样，把家收拾得干净极了，无论在什么环境下把家都弄得好好的。后来中央大学和陆续迁来的其他大学都到了沙坪坝，所以他们又在离沙坪坝不远的凤凰山和我们会合了。

凤凰山上树木繁茂，满山野花野草，野菜也很多。早年就在法国结下深厚情谊的四家人，如今共住在同一屋檐下，相处得就像一家人，非常和睦。除我家外，秦宣夫家有三个女儿，吕斯百、王临乙家没有孩子，王合内养了一条狗。这幢房子不大，条件也很差，每家只有一间住房，大约三十平方米左右，

不够用就得想办法隔一隔。即使住得这样拥挤，这里还有一间属于大家共用的画室，大人们摆静物，摆模特儿，谁有空谁就去画，住在附近的吴作人也经常来。当时他们的很多静物、人物画都是在这间画室里完成的，留存至今的爸爸的作品《钢盔》就是其中之一。几个艺术家聚在一起，营造了那个时期非常难得的艺术氛围。他们同甘共苦，志趣相投，完全没有社会上屡见不鲜的文人相轻的习气，那种对艺术生命的珍惜以及彼此间真诚的友情，我从小就有深刻的印象。

他们几个人在凤凰山时期的作品今天还能看到，见画如见其人，父辈们的艺德、人格和他们的艺术一样，美好、纯正、难能可贵。

记得那时我家住的房间不够大，中间隔了一张木板，我住在外面，父母住在里面。家具非常简单，一张床，一张方桌，里边是父母的双人床，还有一个五屉柜。物质很简单，但我很习惯，妈妈很会布置，家是干干净净的，床也铺得很舒适。

在我们住的房屋外面另有一座小土屋，那是四家共用的厨房。当年那里没有自来水，都是从山下挑水上来用。大家曾雇了一个包着头帕的当地老乡每天给我们送水。他非常辛苦，一天要挑好几缸水，每家一缸。挑来的水很混浊，我记得那时都是用矾处理，手拿一块矾在水缸里溜一溜，沉淀一会儿，水就澄清了，大家吃喝用都是那样的水。

平时几家各自烧火，在公用的厨房各吃各的，有时候高兴起来就合在一起聚餐，王合内烧了牛尾汤什么的，也会招呼我去喝，四家人在一起生活得十分和谐。最热闹的是秦宣夫伯伯一家，他们有三个女孩，整天哭哭笑笑，使山上很有生气。

我们平时买菜都是到凤凰山下的磁器口去。有一次，爸爸带我去买菜，看见有卖豆子的，豆子各种各样，有的很大，有的上面还有花纹。我觉得好玩，就从摊上拿了一个，卖豆的也没有拦我。走到半路我把那个好看的大豆子拿给爸爸看，爸爸很奇怪："哪里来的？"我指给他看："在那边。"爸爸问："给钱没有？"我说："没有。"爸爸一巴掌就打在我手上，厉声说："去还给人家！不能随便拿人家的东西！"我吓了一跳，赶紧转身回去把豆子还给了老乡。

妈妈和王合内每逢星期天都要一起去沙坪坝的天主教堂做礼拜，她们有时也带我去。过了那么久动荡不安的日子，生活突然安定下来，我们觉得非常温馨，也非常知足。

我们在凤凰山的生活

常书鸿：《重庆凤凰山即景》，1942 年

面貌，今天还可以从我父亲1942年画的《重庆凤凰山即景》中看到。那幅油画不大，随笔而就，以油画速写的形式，留下了当时在凤凰山上生活的一角：画中有蹲着喂鸡的我；有弯着腰喂兔的合内阿姨；有怀抱嘉陵弟弟立着喂兔的妈妈陈芝秀；有远处上山来的穿白旗袍的秦伯母，手牵着戴着小红帽子的宁生妹；还有守护着大家的狗——"Loly"。艺术家们在一起，从不同的视角真实地反映了当时的生活。秦伯伯的《重庆雪》实际上也是取景于凤凰山，从山顶上乌瞰山下的磁器口和嘉陵江；那深沉的风景色调，反映了艺术家们身处战争年代茫然、压抑和沉闷的心情。吕斯百爸爸当时在共同画室内所画的静物《莴苣与蚕豆》，与爸爸常书鸿画的《荔枝》属同时期的姐妹篇。

那时吴作人伯伯也住在凤凰山。他很不幸，妻子难产去世了，孩子夭折，只剩下他一个人，心情十分郁闷。他的前妻李娜是比利时人，生得很漂亮；与王合内关系也很好，可惜年纪轻轻就离开了人世。吴作人当年是在比利时留学的，后来也到了巴黎，成了我家的常客。到重庆后，他发现凤凰山有一个圆形的空碉堡，自己简单修了修就在那儿住下了。通过艺术家的手，碉堡稍加布置也成了一个单身汉不错的家。

徐悲鸿的大女儿徐丽丽是我的好朋友，我们俩跑去那里看过：碉堡里四通八达，四面的瞭望台改造成了四个通透的小窗子，这边看得见嘉陵江，那边看得见磁器口。我们有机会就喜欢上去居高临下地眺望嘉陵江、磁器口和重重叠叠的山岭。

吴伯伯把这临时的家安排得相当好，地上有地毯，墙上有壁挂，很有情调。他本人住在碉堡的上层，下层养着羊；羊是王合内的，她每天都要从山上割草喂它们。战乱年代里，物资匮乏，生活艰难，大人们仍要为生计发愁，画家、教授也得为最基本的柴米油盐操劳，但大家聚在一起互相帮助，互相安慰，生活态度都很乐观积极。

那个时期，爸爸他们都习惯于抓紧时间、应时应地抽空画画，大家都创作了不少作品。现在我还留有一张爸爸那时拍的老照片，记录下了他穿着长工作服在凤凰山岭上画嘉陵江的情景。由于北平艺专人事改组，爸爸和王临乙都不再去艺专教书，而是在重庆政府的艺术委员会担任挂职委员。同时，他和重庆的艺术家叔叔伯伯们也怀着满腔爱国激情创作了许多抗日反战

李娜肖像照

凤凰山上，马光璇抱着小兔、陈芝秀抱着嘉陵、李家珍带着孩子，
后面是王合内，还有宠物狗 Loly 跟随着

题材的作品。王临乙伯伯是搞雕塑的，我记得他做了一件圆雕"汪精卫跪像"，像岳飞墓前的秦桧像一样供众人唾骂，作品在当时的全国美术展览会上展出，引起了不小的反响。

那两年，我上了位于凤凰山的"磁器口小学"，插班读书至小学毕业，还很快学会了一口地道的四川话。当时的同学，有的长大后还有消息。一个和我很要好的女同学叫张桂珍，过了许多年，我惊讶地发现她是著名歌唱家胡松华爱人的姐姐。还有个女同学郑萱，后来成长为20世纪50年代中国著名的女律师。磁器口小学设在凤凰山半山腰的一座破庙里，学校的下面就是个兵工厂。我在那所小学还参加了童子军，穿童子军服，有一些集体活动。当地的孩子对外来事物特别好奇，对我这属于"下江人"的外来同学的"洋气"也感到新鲜。我的名字"常沙娜"用四川话一叫就成了"常沙拉"，同学经常拿这开心，不停地喊："长沙拉警报啊！长沙拉——警报！"搞得我非常不好意思。

那时王合内经常和我在一起，她把我当女儿一样看待，我也叫她干妈Tante Renée，特别亲。想当初，刚回国跟随北平艺专南迁时，我们俩都不会说中国话，整天形影不离，只说法语。后来情况不同了，孩子学语言快，我很快就学会了中文，而且昆明话和四川话很相似，我不久就可以用方言为她当翻译了。尽管王合内已经在中国生活了好几年，穿戴衣着也很普通，但毕竟还是金发碧眼的白种人模样，只要走出家门就会引来路人好奇的围观，总会有顽皮的孩子追着她嚷："洋人！洋人！"她和我出门都是手拉手地走，所以我也经常和她一同处于被人围观的尴尬境地。

磁器口是嘉陵江边的一个港湾，很热闹，同学校林立的沙坪坝不一样，那里集中卖吃的东

1942 年，常沙娜在凤凰山上

西。我陪王合内从凤凰山上的家下去到磁器口买菜，一定要经过我们的小学。记得有一次走到学校门口时，遇到我们班一些顽皮的男孩子，就被围住了，他们一个劲地喊："长沙拉！长沙拉！""洋人！洋人！"还有个男生笑我："你们是外国的洋人！你是下江人！"在一片叫喊声中，我耐不住了，甩掉王合内拉着我的手，低头冲出人群，跑掉了。

我没有意识到，自己这不懂事的举动深深伤害了一直视我为亲女儿的法国干妈。后来王合内告诉我，我在众人面前的表现给她的刺激太深了。一个外国人生活在异国的土地上，种族不同，文化不同，困难可想而知。当年她母亲极力反对她嫁给中国人，说她到中国会受苦，会受歧视；她为了爱情，还是不顾一切地嫁给王临乙，来到中国，战乱中不辞千辛万苦。谁知到头来，连我这个亲如女儿的孩子都不肯和她手拉手走路，真使她伤心透顶，以至痛下决心这辈子不生儿育女，以免混血的孩子在中国继续受歧视。我那时还小，体会不到自己给干妈造成了多么痛苦的感受，长大以后才明白，后悔莫及，愧疚终生。

常沙娜、常嘉陵（左）与王合内（中）在凤凰山上王合内喜欢狗，在法国的时候就养了一条，来中国后又养了一条叫Loly的狼狗，它非常有灵性，被王合内训练得能听懂法语，和我玩得也特别好。有一天徐丽丽来找我下军棋，我正在家门口和Loly玩，我想让徐丽丽知道Loly多么懂人话，多么听指挥，一心想把Loly的威力显示给她看，结果就犯下了一个大错误。正巧这时离我们的房子不远处有个老乡在割草，我用法语对Loly发令："Attaque（攻击）！"

话音未落，Loly已经箭一样地飞扑过去，在那人腿上咬了一口。这下闯祸了！王合内和我妈妈急得不得了："天哪！你怎么可以叫Loly咬老百姓！"徐丽丽比我大两岁，觉得自己也有责任，弄得也很别扭。大人得为我闯的祸负责，给老乡一再赔不是，又赔了钱。那次我得了个深刻的教训，从此牢牢记住：对狗是不能随便发指令的。

2002年春天，我有机会去重庆，专程重返凤凰山寻访旧居。六十年后的今天，那幢四家共住的房屋早已不复存在，只能找见房屋残留的地基石座，上面杂草丛生；旁边那间曾在爸爸画作中出现过的共用厨房还在，已经成了当地老乡家住的老房子；半山腰我曾经上过学的磁器口小学 —— 一座破庙，甚至连痕迹都找不到了。然而眺望对面山头，那里就是抗战年代悬挂红绿灯笼告示防空警报的地方，当年的警报声犹在耳边，各家父母带着孩子跑防空洞的情景仿佛还在眼前！

半个多世纪过去了，一代人都已作古，父亲的那幅《凤凰山即景》成为珍贵的历史记录，将无尽的回忆、深情的怀念永远留给了后人。

吕斯百爸爸

　　吕斯百跟我爸爸一样，是留学法国的青年艺术家。1927年他们相识在法国里昂国立美术专科学校，都师从窦古特教授学习绘画。1931年以后他们又以优异的成绩获奖，先后被派往巴黎高等美术学校继续深造。在巴黎高等美术学校他们又成为同学，共同师从法国著名的新古典主义画家劳朗斯（LAURENS）的工作室，同时还有学习雕塑的王临乙爸爸。共同的艺术道路和经历使常、吕、王三位同窗挚友走到了一起，以至回国后他们仍在各自的岗位上共勉互励了半个多世纪。正如我爸爸回忆录里所说的那样："来到巴黎以后，已不像初来时那样孤独了，身边有了从国内来的妻子陈芝秀和在里昂出世的女儿沙娜，更难得的是和吕斯百、王临乙等老同学见面，吕斯百、王临乙在里昂毕业后，早我来到巴黎，他们热情地帮助我建立了工作室和住宅，我们选择了第十四区塔格尔街RUE DAGUERKE安家，并以我家为中心，每当工作和学习之余，每个周末或逢年过节我家就成为大家聚会聚餐的地方。"在我的记忆中，吕、王两位是家中的常客，常与我戏耍，王临乙爸爸的法国妻子Renée是我妈妈学雕塑的同班同学，还是妈妈为他们做的媒，其间穿插了不少异国情侣的恋爱史。他们都视我为他们的干女儿，因此我也称他们为爸爸。

1934年，吕斯百到意大利、英国、比利时和德国边境城市游历考察，之后回国。他接受徐悲鸿的聘请任国立中央大学教育学院艺术系教授，还接受苏州美专校长颜文樑的聘请，兼课一年。

1937年，我们回国后正值七七事变，全家随国立艺专迁校，在贵阳遭到日寇飞机的轰炸，险些被炸死，后逃难至昆明下乡。1940年，我们全家又从昆明迁往四川重庆。当时吕爸爸家居住重庆的乡下清水溪的农家茅草屋内，条件也很清苦；但是，吕爸爸、吕妈妈热情地接待了我们，全家暂住在草屋内。经过战争的颠沛流离，两家久别相逢格外亲切，那两间简陋的茅屋被吕妈妈收拾得干干净净，十分温馨。两家人在油灯下的夜晚共叙分手后的逃难经历以及对抗战前途的展望。当时，作为孩子的我刚刚经历了轰炸逃难的恐惧，

1950 年，吕斯百与马光璇合影

但一见到吕爸爸和吕妈妈，顿时格外高兴和兴奋，充满了安全感。

1941年至1943年，在重庆磁器口的凤凰山上，我们又和爸爸当年法国时期的老朋友、老同学同住一幢房子内，除了吕爸爸一家外，还有王爸爸和Renée，以及秦宣夫伯伯一家及吴作人伯伯等，是时代和艺术事业让当年的留法学子再次聚在一起。尽管处在抗日战争的动荡年月中，但他们不畏艰难，简单地安顿了家室后，面对清苦的生活共用工作室，继续创作，以锲而不舍的精神和饱满热情反映了时代的生活。他们积极宣传抗日，创作了一批具有历史意义的作品。

1943年秋，爸爸决心再度举家搬迁，搬到更为偏僻的大西北，我们刚刚安定下来的生活再次被打破。他从此离开了四川重庆凤凰山，远离了城市，告别了熟悉的朋友们，到甘肃敦煌去追求他早已向往的莫高窟艺术宝库，开始了他更为艰辛、漫长的生活道路。

爸爸常书鸿在敦煌的四十多年中，除了重新温习、领悟中国伟大的艺术传统真谛外，还怀着苦行僧似的心情，誓死要保护好这些在荒烟无际戈壁滩上沉睡了千余年的祖国瑰宝，决心不再让英国的斯坦因、法国的伯希和、美国的华尔纳、日本的橘瑞超、俄国的鄂登堡之辈在莫高窟任意肆虐掠夺的悲剧重演。他同时还要设法挡住自然风沙和其他对艺术宝库的人为侵害。四十年后，爸爸已是耄耋之年，人们问他能在敦煌苦守几十年的原动力是什么？爸爸明确地回答："在敦煌期间，由于民族意识和对艺术的追求，产生了一种使命感，敦煌艺术是中国传统文化的杰出代表，舍命也得保护它，不管有多少困难都必须克服。这种使命感使我度过了所有的艰难困苦。"新中国成立后，中央人民政府及同行专家们给了他应有的评价和荣誉。赵朴初老先生曾挥笔题字称父亲为"敦煌的守护神"。

除了爸爸魂系敦煌的事迹之外，人们大多不了解他还是一个在绘画领域颇有造诣的画家。早年留法期间，他创作了不少自成一格的油画，并曾获得过金质奖章。他的作品曾被法国里昂美术博物馆和巴黎近代美术馆（现为蓬皮杜艺术文化中心）收藏。即使后来在动荡的抗日战争时期，爸爸也始终没有放弃画笔。甚至在敦煌那段艰辛的岁月里，爸爸为大西北的一切所感动，也创作了许多抒发对敦煌莫高窟及偏远农村无限情意的风景画、人物画，创作了具有浓厚生活气息的、反映西北风土人情的作品，其中有憨厚朴实的老农，有当地的风景和静物，也有反映西北建设如兰州刘家峡水库工地等内容……总之，父亲在繁忙的日常行政及业务工作之余，仍以充沛的精力勤奋地作画，随时捕捉和记录着他对生活、对艺术的感受。他的作品形式多样，有油画，有水粉，有速写，不拘一格。

有缘的是，1943年与我们分别七年后，1950年，吕爸爸根据工作的需要，怀着开辟西北艺术教育的满腔热情，也毅然决定离别景色秀丽的南京，到甘肃兰州西北师范学院去创建艺术系。两位亲如手足的父辈怀着对各自事业的无限忠诚，从不同的岗位又汇聚在大西北，这是他们的缘分。他们又有了更多的机会相互往来，爸爸自然邀请他到敦煌莫高窟去观摩。吕爸爸同样多次邀请爸爸去师院艺术系讲学，讲敦煌艺术，他们怀着对新时期艺术事业发展的喜悦和理想相互鼓励、探索着。

吕爸爸以同样的毅力和勤奋，在师范学院艺术系繁忙的教学和行政工作之余，以新的感受创作了许多反映西北风貌的作品，如当年的代表作《兰州握桥》《兰州阿干镇》《西宁塔尔寺》《敦煌莫高窟》《麦积山》等。

吕斯百爸爸1905年出生于江苏江阴县一个贫寒的农村家庭，他小我父亲一岁，自幼酷爱绘画，在南京第四师范学校毕业后，升入师范附属艺专学习。不久，师范艺专与中央大学美术系合并，于是他有幸进入徐悲鸿先生主持的美术系学习。吕爸爸因学习勤奋、成绩优秀，深得徐悲鸿先生的赏识，由徐先生选拔推荐的两名赴法国深造艺术的公费名额吕斯百就占了其中一个，另一个则是王临乙。爸爸曾回忆："我在里昂国立美术专科学校学习时，由国内的中央大学美术系转来吕斯百、王临乙两位同学，直接进入分专业的三年级油画班和雕塑班了，吕、王两同学都以出色的成绩震动了里昂美专，我也不落后，很快地在人体素描方面也赶上去，各列前茅了。"1932年，父亲和吕爸爸先后都到了巴黎高等美术学校继续深造，又同拜师于著名画家劳朗斯，他们在不同时期始终相互学习、勉励和支持。回国后，在不同的岗位上，不论是置身于重庆和敦煌两地，还是兰州与敦煌、南京与敦煌，他们都一直坚持书信往来，就社会生活、艺术观点和工作情况进行切磋。不仅父辈之间如此，吕爸爸对我的成长也是关心备至。我在敦煌期间，每当阅读书籍或临摹壁画有感时，也习惯地要写信给吕爸爸，谈谈自己的体会和感受。记得读完罗曼·罗兰的《约翰·克利斯朵夫》以后，我情不自禁地给吕爸爸写了一封信，谈读后感，吕爸爸也很认真地回了一封信。这封信既是对我的文学修养进步的鼓励，又是对罗曼·罗兰本人的社会背景和特点的分析。信中还谈了罗曼·罗兰其他的小说，如《欣悦的灵魂》等作品，启迪我去深入认识法国大革命。他很重视我在文化素质和艺术修养上的提高，也经常提醒我要关心爸爸。我妈妈出走后，他也给予了我很多的安慰，要求我面对现实，克服种种困难，在思想上、学识上尽快地成熟起来，所有这些都给我留下了深刻的印象。可惜的是这些书信札记都失落于"文革"的浩劫，不复存在了。

1964年，两位爸爸特别兴奋地相聚在北京。吕爸爸当选为全国第二届政协委员和九三学社中央委员及南京分社副主任兼组织部部长，爸爸当选为第三届全国人民代表大会代表。会议期间他们又与王临乙爸爸及Renée和我们全家团聚，大家欢乐畅谈，共诉衷肠。记得吕爸爸还即兴为我画了一幅油画肖像，遗憾的是它也丢失于"文革"中。我绝没有想到那一次团聚竟是与吕爸爸的永诀。

"文革"中，这一代人都难以幸免地遭到批斗摧残。吕爸爸不堪忍受对他的侮辱，含冤自尽，竟没有熬到浩劫结束，过早地离开了人世，离开了吕妈妈，离开了崇敬他的学生和亲人，当时他年仅六十八岁。

吕斯百爸爸在我出生之前，就给我取了名字。从我会说话开始，我一直亲切地叫他"爸爸"。时至今日，我常常想起他和干妈，想起我们在一起的日子。他们曾经给我的种种温情和关爱，让我忘却生活的艰难。

战乱的年代，吕斯百也同其他的年轻艺术家一样，走上了逃难之路，跟随学校迁徙、转移。那时他家住的是农村房屋，也许是出身农村，战时避乱的处境，对吕斯百来说却是正逢情缘。他性格温和，喜爱宁静。创作了一大批静物、风景画，也是由于这些作品洋溢着朴素的诗情画意，他被人誉为"田园画家"。父亲这样评价吕斯百："他的绘画一如其人，这样的朴素厚重是任何人所不能企及的。"可以说，20世纪40年代是吕斯百油画创作的一个重要时期。其中精粹，成为中国油画民族化早期探索的标志性作品。

他的作品给人以静谧悠远的情绪，无论静物、画像还是山水，都从静态的物中感受着生命的韵动。他提倡美育，拒绝商业化。那时候西画还没有被大众接受，他努力使西画民族化、本土化，让中国的大众从中感受到民族的精神。

父亲的誓言

　　一家人在重庆总算安顿下来的时候，爸爸正酝酿去敦煌的计划。

　　1942年8月，在时任监察院院长的于右任先生建议下，国民政府成立了"国立敦煌艺术研究所筹备委员会"，陕、甘、宁、青、新五省监察使高一涵任主任，爸爸任副主任。于右任先生认为，敦煌这样一个举世罕见的艺术宝库，国家再穷也要想方设法将其归为国有，保护研究它，否则我们无法向历史交代。为此，他曾写过一首充满感情的诗："斯氏伯氏去多时，东窟西窟亦可悲。敦煌学已名天下，中国学者知不知？"他深知中国保护敦煌的责任，所以积极筹建研究所，希望有一个从事艺术、有事业心的人去敦煌做这件事并坚持下去。于是，爸爸被推荐担任筹备委员会的副主任。

　　爸爸是那种有了想法就一定要实现的人。他听说张大千1941年和1942年已经两次去莫高窟，是以个人名义带了几个弟子去的，前后住了一年多，临摹了很多壁画作品，还为洞窟编了

号，相当不容易，因此非常佩服张大千。敦煌是他魂牵梦萦的圣地，现在自己终于有机会去敦煌圆梦了；他毫不犹豫，欣然接受了敦煌艺术研究所筹委会副主任的职务。

但妈妈是坚决反对的。那些日子，他们整天为去敦煌争吵。妈妈担心我的成长，担心敦煌的生活条件，很坚决地反对。最后爸爸实在拗不过妈妈，只好说："你不去就不去，我去！"

《萨埵太子舍身饲虎图》
（莫高窟 428 窟）

　　爸爸离开重庆时，梁思成送了他四个字："破釜沉舟！"徐悲鸿送他一句话："要学习玄奘苦行的精神，抱定'不入虎穴，焉得虎子'的决心，把敦煌民族艺术宝窟的保护、整理、研究工作做到底。"

　　辗转八年，经历战火，跨越千山万水，绕了大半个中国，爸爸终于来到他魂牵梦绕的敦煌。

爸爸到莫高窟临摹的第一幅壁画，就是第二五四窟北魏壁画《萨埵太子舍身饲虎图》。这幅壁画有一种震撼人心的表现主义效果。画面上弥漫着一种痛苦，那是弥漫在宇宙之间、天地和生灵之间的大痛苦。佛陀是感受到了这种痛苦并愿意为之牺牲。爸爸用这幅蕴含大无畏牺牲精神的壁画勉励自己，也勉励他的同事们——选择敦煌就是选择了为理想牺牲。

爸爸破釜沉舟到敦煌后，曾面临三次锥心刺骨的苦难，做出了三次决定性的誓言。

第一次是1942年，爸爸三十八岁那年，从重庆经历一个多月艰苦的旅程来到敦煌千佛洞。他以顶礼朝拜的心情，面对着壮观的窟群，面对着历经大自然一千多年风雪流沙毁坏的沧桑凄凉场景。他感到痛心。他在回忆录中写道："为了使它不再毁损，我决心以有生之年为敦煌石窟的保存和研究而努力奋斗，决心不让这举世之宝再遭受灾难了！"

第二次是1945年初，我妈妈因生活的艰苦和宗教信仰（她信奉天主教）等诸多原因，竟然离开我们出走。爸爸在回忆录中写道："我承受着这意想不到的打击，在苦不成寐的长夜里，铁马声声，九层楼的风铃如泣如诉，勾起我万千思绪……同时，又面临着我们所里同志们的工资长期被国民党政府扣住不发，生活的窘迫。……此时，我脑中呈现出第二百五十四窟北魏的壁画"萨埵那太子舍身饲虎"的故事，其画风与深刻的寓意，强烈地冲击着我。我想萨埵那太子可以舍身饲虎，我为

什么不能舍弃一切侍奉艺术、侍奉这座伟大的民族艺术宝库呢？在这兵荒马乱的动荡年代里，它是多么脆弱，多么需要保护、需要终生为它效力的人啊！我如果为了个人的一些挫折与磨难就放弃责任而退却的话，这个劫后余生的艺术宝库，很可能随时再遭劫难！不能走！再严酷的折磨也要坚持干下去……在梦中，我看到一个个'飞天'从洞窟中翩翩飞出，天空中飘满五彩缤纷的花朵，铁马的叮当声奏出美妙的乐曲……"

第三次是在1945年下半年，抗日战争胜利后，爸爸接到国民政府教育部的命令，宣布撤销"敦煌艺术研究所"，把石窟交给敦煌县政府。爸爸在回忆录中写道："这一突如其来的变故，给了我一个严重的打击。我拿着命令，简直呆傻了。前妻出走的折磨刚刚平息，事业上又遭到来自政府的这一刀，真是忍无可忍了！""这接踵而来的打击，使我像狂风恶浪中的孤舟一样，忽而浮起，忽而又沉下去……我写信给于右任——当年的支持

1942年，常书鸿依靠梯子攀爬进入莫高窟

者，力陈保护敦煌、研究敦煌的重要性，希望他们呼吁保留着成立不到两年的研究所……"这一次打击后，父亲再次在心中发誓："思前想后，我默默发誓，我绝不能离开。不管任何艰难险阻，我与敦煌艺术终生相伴!"

从1943年到1948年，艰难的岁月里，我随爸爸在敦煌。

我始终记得爸爸一生的座右铭：

> 人生是战斗的连接，
> 每当一个困难被克服，
> 另一个困难便会出现。
> 人生是困难的反复，
> 但我决不后退，
> 我的青春不会再来。
> 但不论有多大的困难，
> 我一定要战斗到最后!

—— 常书鸿

我们的敦煌

随风传来一阵叮叮当当的铃声,

若隐若现,
似有似无;

爸爸说,
那是九层楼的风铃 ……

从重庆去敦煌

　　1943年晚秋，我们的家从重庆搬到了敦煌。那年我十二岁。前往敦煌的旅途给我的印象太深了。一路上，我们乘的是那种带篷的卡车，箱子放在下面，箱子上铺褥子，人从早到晚就坐在上面。嘉陵刚两岁，妈妈抱着他坐在驾驶室里。重庆、成都、绵阳、广元、天水，我们在路上整整走了一个月。在四川境内还挺好，天气不太冷，景象也不荒凉，广元那一带植物还挺茂盛。可是往西北走，越走越冷，到兰州已经天寒地冻。妈妈摩登惯了，回国后仍然保持着法国的化妆标准，天天要描眉，抹口红，卷头发，长途跋涉去敦煌也穿着旗袍、高跟鞋，一路下来，当然冷得够呛。爸爸告诉她："芝秀，你该换装了，冬天穿这一身不行。"他叫妈妈像我们一样换上老羊皮大衣和毡靴，可是妈妈嫌难看不肯穿，她还是愿意穿棉旗袍。爸爸老是说她："这样上车下车不方便，你看人家都没有这样的。"妈妈听了很不高兴。在兰州，许多西北老乡没见过妈妈这样的妆扮，都围着她看，还这样那样地议论，把妈妈弄得很懊丧。我们

1	2
3	4

1　1907 年，斯坦因拍摄的莫高窟

2　1907 年，斯坦因拍摄的莫高窟

3　1908 年，伯希和拍摄的莫高窟

4　1942 年，敦煌艺术研究所成立后拍摄的九层楼一路颠簸前行，还得防贼、防强盗，尤其到了四川广元，还有甘肃的陇南地区，听说那些地方很乱，经常有土匪抢劫。我们只好整天坐在车上，到了一个地方，见到有卖汤圆、馄饨、醪糟蛋之类的，就下来吃一点，买一点，再上车继续走。记得有一次车停下加油，我们要买吃的但来不及下车，爸爸就弯腰从车下的小贩手里买了一碗醪糟蛋，刚刚端起来要吃，不知为什么汽车突然启动了，猛地一震，碗里的鸡蛋、汤水一下子泼出来，溅了爸爸一脸一身，眼镜也脏得一塌糊涂，整个人狼狈不堪。我看着爸爸，他那可怜的模样给我留下了深刻印象！那时候我还小，有父母在身边，不懂什么叫苦、叫怕。妈妈一路上却很别扭，她无奈地搂着嘉陵坐在驾驶室里，不断地划十字，祈求神的保佑。嘉陵那时候刚两岁多，妈妈给他带了一些奶粉、饼干之类的食品，还得非常小心地照顾他，做母亲的劳碌在一定程度上分散了妈妈郁闷的心情。

到了兰州，妈妈赶快去找天主教堂。天主教那时已经很普遍，甘肃几个大城市都有教堂。妈妈做忏悔，坦言不愿意去敦煌。兰州的神父还是法国人，劝慰她，意思是说你丈夫为了艺术来到这里，你还是应该做出牺牲；所以妈妈尽管很不情愿，还是继续走下去了。

我们在兰州停留休息了几天，爸爸又为研究所的事务跑来跑去地忙，直到离开。从兰州向西，就是地广人稀的大西北了。我们的车颠簸着，沿着祁连山，通过河西走廊，途经古代的凉州（武威）、甘州（张掖），没完没了地走啊，走啊，地势越走越高，天气越走越冷，一路荒无人烟，放眼所见只有荒冢般起伏的沙土堆和干枯的灌木丛。

出了嘉峪关，更是一片茫茫无边的大戈壁，走多少里地见不到一个人，唯有流沙掩埋的残城在视野中时隐时现。凛冽的寒风中，妈妈也顾不得好看不好看了，只能和我们一样穿上老羊皮大衣和毡靴。我把身上的老羊皮大衣裹得紧紧的，为了取暖把手也插进肥大的毡靴里，一天一天缩在卡车里熬着，面对彻骨的寒冷和无际的戈壁滩。这段漫长难耐的旅途给我留下了终生难忘的印象。天高地阔，满目黄沙，无尽荒凉，幼稚的我不禁背诵起一首凄凄的民谣：

出了嘉峪关，
两眼泪不干，
前看戈壁滩，
后看鬼门关。
……

千佛洞的天好蓝

总算到达敦煌了。

那个时候的敦煌县城和现在完全不一样，占地很小，四面围着土城墙，城门小小的，沙尘遍地，又穷又破。从敦煌前往莫高窟，多了历史学家苏莹辉（后去了台北故宫博物院）与我们同行。我们坐的是大木轮子的牛车，木轮有一人多高，牛拉着车一路咣当咣当，摇来晃去，又慢又颠又冷，二十五公里路整整走了几小时，下午一点多从敦煌出发，走到莫高窟天都快黑了。爸爸提前骑马去了莫高窟，做迎接我们的准备。

快到莫高窟的时候，站在路口迎接我们的爸爸兴奋地高声招呼："到了，到了，看啊，看见了没有？那就是千佛洞！那是九层楼！还有风铃！"他极力想引发妈妈的激情，妈妈却没有明显的反应，只是紧紧抱着嘉陵，护着不让他着凉。

一车人全都冻僵了。坐了一路牛车，即使穿着老羊皮大衣，还是从里到外冻了个透。我们浑身僵硬，打着哆嗦进了

黑乎乎的屋，好半天缓不过劲来。

这是我平生第一次来到莫高窟，可惜不记得那具有纪念意义的日子是1943年的11月几号了。只记得当时已是冬天，千佛洞前大泉河里的水已经完全冻结，变成了一条宽宽的、白白的冰河。

迎接我们的晚饭准备好了，摆在桌子上——一碗大粒盐、一碗醋，每个人面前摆的是一碗水煮切面，面条短短的。我愣了一会儿，问："爸爸，有菜吗？"爸爸回答说这里没有蔬菜，今天来不及做好吃的了。他只能劝我们："你们先吃吧，以后慢慢改善。明天我们就杀只羊，吃羊肉！"

这就是我到千佛洞吃的第一顿饭。永远刻在我记忆中的除

常书鸿带头在莫高窟种菜

常书鸿身后是20世纪50年代初修缮后的莫高窟窟门、檐道

了那碗盐、那碗醋，还有爸爸那无奈的神情。当时我心里酸酸的，觉得爸爸很可怜，在这么恶劣的条件下，除了工作，还要照顾这个，照顾那个，又要安慰，又要劝导，他肩上的担子实在太重、太重了！

千佛洞的天好蓝。这是我对千佛洞的第一印象。

第二天一早，晴空万里，展现在我们面前的就是千佛洞上空明亮无比的蓝天。

爸爸问妈妈："你见过这么蓝的天吗？"蓝天之下，人的心情也豁然开朗。千佛洞是莫高窟的俗称，是当地老百姓的叫法。当年很少有人知道莫高窟，人们都把沙漠里那千年的石窟群称为千佛洞。

爸爸兴致勃勃地带我们看千佛洞，那就是他抛弃一切非去不可的地方。冰冻的大泉河西岸，凿在长长一面崖壁上、蜂房般密密麻麻的窟群规模浩大，蔚为壮观；它因风沙侵蚀、年久失修而显得破败不堪，像穿了一件破破烂烂的衣裳。然而，走近洞窟，又可看见一个个没门的洞口里透出五彩斑斓的颜色，方知那灰头土脸的外表下隐藏着神秘的美丽。

一路都是银白色的参天杨，时值冬季，树叶落光了，枝干直指

初到莫高窟，穿着羊皮大衣的常沙娜

蓝天，更显得挺拔俊逸。四周安静极了，随风传来一阵叮叮当当的铃声，若隐若现，似有似无，爸爸说那是九层楼的风铃。他带我们进入洞窟，在洞口射进的阳光照耀下，里面有那么多从未见过的壁画、彩塑，铺天盖地，色彩绚丽。我不明白这是些什么，只觉得好看、新鲜、神奇，在明明暗暗的一个个洞窟走进走出，就像游走在变幻莫测的梦境里。爸爸带着妈妈看窟里的佛像，都是很美的彩塑。爸爸讲故事吸引妈妈，告诉她这里为什么都是彩塑而不是石雕，给她介绍各个朝代不同时期的彩塑风格……妈妈跟着爸爸在洞窟里走啊，看啊，她毕竟是学艺术的，一旦置身这浩瀚的古代艺术海洋，面对那么多生动美妙的彩塑、壁画，自然也动心。过去她只见过西方的单色雕塑，对这种集雕塑、绘画、装饰艺术于一体的彩塑闻所未闻，一无所知。所以，一路看下来她也兴奋得很，旅途上的疲惫和不快就忘却了许多。

在千佛洞的新生活就这样开始了。

我们在敦煌安家了

千佛洞有个皇庆寺，也叫中寺，敦煌艺术研究所就设在中寺，我们的新家也安在那里。张大千曾经住在离中寺很近的上寺（雷音寺），我们去时还有几个喇嘛住在那儿；下寺（上清寺）在离上、中寺较远的北边，就是早先那个著名的道士王圆箓住过的地方。三个寺院都朝向窟群，中间隔着一条茂盛成荫的杨树带。

在中寺我们只有一间住房，房间很小，睡的是土炕，旁边还有个小炉子，可以烧些开水，火温则通向土炕。爸爸妈妈带着嘉陵睡在里面，我一个人在外面搭了个行军床。房子虽小，但妈妈爱清洁，很会收拾，什么都很有序，把里里外外拾掇得干干净净，还挂了一块咖啡色的布帘作分隔内外的隔断，帘子下部绣着黄色毛线的边饰。妈妈追求的就是舒适的环境，再简陋也是整整齐齐的，很温馨。洗脸没有脸盆架子，爸爸就充分利用空间，做了一个卡在墙角的三角板架，把洗脸盆放在上面。爸爸很热爱生活，很会动手处理这些问题，那个

自制的三脚板架非常实用，我们家用了它好多年。2004年，研究院重建了"常书鸿故居"，这些家用物品如实地保留着。

这里过的基本是集体生活，我们不用在自己家做饭了，研究所统一伙食，大家一起在公共食堂吃饭。在敦煌，盐叫盐巴，醋是必须吃的，因为当地的水碱性大得很，喝水的玻璃杯上满是白印，凝固的都是水中的碱。

敦煌缺水，不能洗澡，只能擦澡；一盆水擦脸，擦身，洗脚，还舍不得倒掉，得派做其他用场。好在我们在重庆凤凰山时，一家人一天吃喝洗用全靠老乡挑上来的一缸水，早就习惯了缺水的生活，所以到了敦煌也就不难适应了。记得那时我洗头发用肥皂，洗不净，就照别人告诉我的办法用碱洗，洗过的头发确实很滑顺。

妈妈是虔诚的天主教徒，到敦煌以后，也只好面对现实了。敦煌是个佛教的圣地，没有神父，妈妈就在家里摆了一个圣母玛利亚的塑像，每日对着圣母像祷告，忏悔。爸爸对她的这些行为也不干

常书鸿：《沙娜像速写》

常书鸿：《嘉陵像速写》

涉，不过问。妈妈改变了很多生活习惯，穿戴已经没有以前讲究，也没有好朋友。那时候，我十二岁，妈妈无处诉说内心的苦闷，爸爸整日埋头工作，疏忽了对她的关切。很多年过去，每每回想起这些，我还是按捺不住难过。对爸爸崇敬之外，也对妈妈有了更多的同情和理解。

妈妈化妆的习惯依然保持着，没有改变，依然很美。

研究所的工作在爸爸带领下一步一步艰难地推进。那时，他在国立艺专时期的学生董希文、张琳英夫妇和周绍淼、乌密风夫妇都刚刚结婚不久，战争状态中重庆局势不稳，爸爸动员他们到敦煌来，还有李浴、潘絜兹等人，也都从大后方陆陆续续来到了千佛洞。

就这样，越来越多的人来到敦煌，组成了一个大家庭。

研究所的工作号令是敲钟，每天大家听见钟声就都进洞了，临摹的临摹，调研的调研，各忙各的。那段时间，妈妈的情绪也比刚来时好多了，她被敦煌艺术的独特魅力深深吸引，对历代彩塑产生了浓厚兴趣，每天和大家一起进洞，专注地临摹彩塑佛像，完成了一些作品。研究所来了那么多朝气蓬勃的年轻人，气氛活跃了，她也有了伴，自然开心了许多。

千佛洞生活艰苦，没有牛奶，爸爸就叫人到城里弄来一头奶牛给大家挤牛奶喝，我也学过挤奶。后来因为奶牛价格太贵，又弄了几只羊来挤羊奶。有奶喝了，再养鸡下鸡蛋吃。羊肉倒是可以吃到，隔段时间会聚餐一次，杀只羊吃手抓羊肉。

到了春天，榆树上结的一串串榆钱就是最好的食物了。榆钱摘下来，和些面在锅里一蒸，放一点盐，绿绿的，嫩嫩的，味道、口感都好极了。敦煌处在大沙漠里，蔬菜奇缺，爸爸又搞来菜籽，亲自带领大家开地种菜。在这样不断努力下，这穷乡僻壤里小食堂的伙食逐渐改善了许多。

爸爸除了解决研究所的生活问题之外，特别下力气的就是种树。我们刚到的时候，整个千佛洞唯独窟前有一长排杨树，其他地方都是光秃秃的。爸爸明白，保护石窟、防沙治沙最重要的措施就是种树，所以他从冬天就开始筹备春天种树的事了。

有人，有树，也就有了家园。

恩师邵芳培养我

1943年冬，我跟着爸爸走向敦煌。很快，我便投入到中学的学习之中。

直到1945年底，我先后在酒泉河西中学和敦煌的敦煌县中就读。学校放假我必回千佛洞，尤其是暑假，那时的天气是一年里最好的，我可以蹬着"蜈蚣梯"，跟着大人爬进蜂房般的洞窟临摹壁画。我喜欢进洞画画，特别主动，不用大人催。我看见谁上洞就跟着，看他们怎么画，我就跟着学。我的工笔重彩启蒙老师是邵芳。

邵芳（1918—2009），出身天津名门，祖籍江苏常州。1940年走上画坛，参加孙福熙、袁晓岑、熊秉明、刘文清等组织的谷风画社。她的画得到徐悲鸿、孙福熙、吴宓、蒋兆和等大师的高度评价。孙福熙说："邵芳氏的工笔，山水仕女，运笔挺秀，布局甚有大家风度，立意尤为隽颖，非旧女性所有。"吴宓在日记中记述："观孙福熙与周杰等所办之谷风画展。中以熙与袁晓岑君、邵芳女士之作为最佳。"她丈夫是在"开发大西北"的形势下到甘肃修公路的工程师，名叫盛胜保。1944年，邵芳随丈夫工作调动前往酒泉，她为突破自己的艺术前往千佛洞。邵芳这样回忆自己第一天到达敦煌后的感受："觉得五光十色可取者太多太多，绝非一二日能办。"之后"足足在那三百多个洞子中，爬上爬下，尽情看了三天，我才得以平心静气开始临摹那有着一千六百余年历史的壁画的第一笔"。(《邵芳日记》)邵芳国画素养扎实，而当时所里年轻一辈大都是艺专学习西画毕业，遂立即聘请她为敦煌艺术研究所研究员，参加敦煌研究所在千佛洞临摹壁画的工作。邵芳在敦煌三年时间，临摹作品有《敦煌第251窟北壁天宫伎乐（北魏）》《敦煌莫高窟第3窟飞天》《220窟壁画作品》等彩绘图稿，大量线描稿《莫高窟第199窟壁画墨稿》《146窟壁画墨稿》《156窟、158窟壁画墨稿》《172窟壁画墨稿》《莫高窟壁画中的手姿》《409窟壁画线描人物》《112窟白描稿》《45窟壁画墨稿》《231窟壁画人物》《263窟南壁胁侍菩萨墨稿》《334窟天女白描墨稿》等，也有大幅作品高二百五十厘米、宽二百九十二厘米的《观无量寿经变》（盛唐，172窟）。《观无量寿经变》中有一百二十个菩萨，临摹耗时两月。这幅张大千想画没有画成的作品，受到常书鸿和全所同仁的称赞。

邵芳很活跃，又会唱戏，冬天太冷不能临摹，她就回酒泉去。暑假时间比较长，我和邵芳一起从酒泉返敦煌，经常跟着她进洞临摹，打基础。我至今保留的一幅172窟盛唐壁画

《西方净土变》的大幅临摹作品，就是那时跟她一起画的，用的是张大千的线描稿子，从描稿、勾线、着色、渲染、开脸，整整一个多月画了这么一幅。全过程是师父带徒弟"手把手、口传身教"，使得当时十三岁的我在技法、临摹方法等方面受益很大。后来有几个洞窟我是跟着乌密风、周少淼去临摹的，在159窟，中唐的文殊、普贤两个菩萨特别完整，他们两口子一人画一个，我也跟在后面画，大家都说我这个小孩画得也很不错，听到夸奖，我就画得更来劲了。画画过程中，我获得了有关壁画内容的不少知识，对临摹方法有了不少体会，也练就了我的童子功。

张大千两次带着弟子去千佛洞，临摹了不少壁画，还给所有的洞窟编了号，并亲自把号码和建窟朝代写在洞口，千佛洞一直留有他毛笔的黑色墨迹。今天莫高窟各洞还能看见三种编号：C字头是张大千的，P字头是伯希和的，而正式采用的序号是当年爸爸在研究所组织人员重新编的。张大千在千佛洞临摹壁画的时候，都是用图钉把拷贝纸按在壁画上拓稿，这样出来

1946 年，回到重庆后常沙娜和爸爸常书鸿、弟弟常嘉陵合影

常沙娜临摹盛唐 172 窟"观无量寿经变"局部（1946 年
跟随邵芳老师临摹完成）

常沙娜临摹晚唐"八臂十一面观音"（1947 年）

的稿子很准确，但图钉不可避免地会在墙上钻出小孔，破坏壁画，因此爸爸给研究所做出了明确规定并一再强调：为了保护壁画，临摹一律采用对临的方法，不许上墙拓稿。所以，那时除了用现成的稿子，我都是用打格对临的办法来学习。爸爸有空就过来指导我：用中心线找构图关系、人物比例，还要抓住人物特征……虽然对临难度大，但迫使自己把眼光练得很准，提高了造型能力。我学习素描基本功就是从对临壁画开始，绘画基础就是那样打下的。

除了对临之外，有的画是已经有稿子的。研究所当时的壁画原稿大部分是张大千留下的拓临稿子，大家都沿用了。当时对临的也有，用原稿的临摹也有，早期的壁画对临最多，唐代的用原稿的最多。当时董希文、张琳英、潘絜兹、李浴他们都在千佛洞。李浴是搞理论的，不画画，还有几个年纪比较大的人专门研究题记。我记得还有北京大学的考古学家、敦煌艺术研究者在敦煌县附近的佛爷庙旁边发掘墓地，和爸爸常有来往的有向达、夏鼐和阎文儒等专家。当时研究所人员都住在中寺的后院里，为了解决第一批艺术家职工的住宿问题，爸爸决定把中寺后院的一排马厩改造为一排每间约十二平方米的小房间，分给每户一间；还用土坯砌出了土炕、土桌、甚至土沙发，利用土墙挖书架，家具全是泥土做的，也解决了问题。我记得那排宿舍第一家住的是董希文、张琳英夫妇，接着是李浴，下面是潘絜兹，以后是周绍淼、乌密风夫妇。那时候我称呼张琳英为张姐姐，乌密风是乌姐姐，很有意思。

晚上，大家清闲下来，又没有娱乐的地方，爸爸就组织画速写，在中寺前后院之间的正厅，两头连起挂两盏煤油灯，请当地的老乡做模特，大家围在那里画，气氛非常好。在爸爸的画集里，有的速写记录的就是集体画速写的场面，上面还有我的影子。另外，磨颜料也是业余时间的主要活动。当时临摹都用马利牌的广告色，这些颜料都得从遥远的重庆等大城市买，非常困难。爸爸他们做试验，利用当地的土红泥作红颜料，黄泥作黄颜料，于是发动大家动手研磨泥巴，自己做颜料。洞窟中有些清代搞得很土的小佛龛，泥料非常好，可以把它剖开了取泥作土黄色；研磨再加桃胶，就利用附近的桃树、梨树上的胶，把树胶拿来泡开就行了。傍晚的时候，经常可以看到院里、屋里人们各拿一个粗碗，一边聊天一边研磨颜料。条件太简陋了，但是大家自力更生、克服困难，都很愉快。爸爸在他的回忆录《九十春秋——敦煌五十年》中形容当年的气氛是"乐在苦中"，真是准确极了。

爸爸还安排董希文辅导我学习西方美术史，苏莹辉辅导我中国美术史。综合的艺术实践与理论学习在这一阶段为我之后的艺术生涯打下扎实基础。这段日子虽然艰苦，可是高兴、愉快，氛围愉悦。

邵芳教我绘画，生活上也非常照顾我。时隔半个多世纪后，远在美国的邵芳对李昌玉还一再重复着："沙娜就像我的女儿，非常想念她。"我当时在酒泉中学，邵芳夫妇经常通信，信中常常提到我，如："（所里的菜园）只有豌豆（种得）好，傍晚的时候，我和常小姐去采，有时找鲜香菇回来吃。"（6月28日）"沙娜感冒，没有告诉常太太。"（8月9日）"沙娜昨日伤风，停课一天，已吃阿司匹林，并嘱她小心。"（8月16日）"前几天有一信给你，并附沙娜一信。沙娜伤风已好，照常上学。"（8月19日）"她身边五百多元用了一百多，改制学生装。下月伙食费我已代付。"（8月29日）等等。

这些珍贵的点点滴滴，永久铭刻在我的记忆里。邵芳于2009年去世，享年九十二岁。斯人已逝，无限缅怀！

这幅速写，可见当时在莫高窟周围环境的艺术氛围。

常书鸿利用冬天晚上在中寺组织大家画素描、速写。此系常书鸿速写作品，图中左一：常沙娜，右一：范文藻

1943—1945年我的学习情况汇总

文化课艺术学习	酒泉河西中学、敦煌县中洞窟临摹	临摹两种方式：对临和用现有稿	师：常书鸿
		工笔重彩方法。例：172窟	师：邵芳
		洞窟临摹。例：159窟	师：周绍淼、乌密风
	理论学习	中国美术史	师：苏莹辉
		西方美术史	师：董希文
	其他	画速写、自制颜料	群体氛围
当时艺术氛围及与常沙娜相关人物	张大千、董希文、张琳英、周绍淼、乌密风、陈芝秀、李浴、潘絜兹、向达、夏鼐、阎文儒等由一批绘画者、理论工作者、考古学家、敦煌艺术研究者组成的团队，以及窦占彪、范华、盛胜保、王竹亭、王乃力、王维力等。		

1945：悲怆与欣喜

1945年是跌宕起伏、悲欣交集的一年，也许还是爸爸一生中最不寻常的一年。那一年，对我来说也格外漫长。

那年春天，妈妈对我们说她身体不好，需要尽快去兰州的教会医院看病。爸爸说："好，那你去兰州看看吧，大家好放心，你也去换换环境。"当时正值寒假，我放假在家，爸爸还问："要不要沙娜陪你去？"妈妈说不用。从千佛洞到兰州路途遥远，戈壁难行，来去一趟是件大事，爸爸特意为妈妈联系了朋友一路同行，又写了好几封信请沿途的几位友人关照。妈妈动身的前一天，我们还杀了一只羊，全家为妈妈饯行。爸爸送妈妈到敦煌城，将她和同行的朋友送上了东去的旅途，好好地把她送走了。

然而妈妈这一去，就再也没有了消息。

关于后来的事情，爸爸在回忆录《九十春秋——敦煌五十年》的第五章《艰难岁月》中有详细的叙述："有一天，我去洞中临摹壁画，下午四五点钟，董希文来洞子约我一同回去。我们一边走一边讲到陈芝秀走后没有音信，讲到开春以来的一切变化。董希文劝我宽心，并说师母可能不会来信了。在我的追问下，他拿出一叠信，说这是师母走前，他用钱在徐喇嘛那里截获的，是陈芝秀送出去联系出走的信。我要董把信给我，董说老师您不生气，我就给您。我答应了他。他把一叠信给了我。我一看陈芝秀的信，简直呆了。"

"我气得悲怆欲绝，连话也说不出来。我只有一个念头，赶紧追，把她追回来，立即牵出枣红马就上了路，拼命往前赶。我估计芝秀最多也只能走到安西，便能够找到。月夜下的戈壁，死一般的沉寂，我感到一阵透心的荒凉。这里还经常有强盗出没，一个孤身旅客可以被轻易地没收财物，置于死地，尸体往沙丘一埋，什么痕迹也没有。而且，这类事情如家常便饭一样，时常发生。但我却顾不上这些了，只知道拼命往前跑，往前赶。到第二天早上，我果然马不停蹄地赶到了安西。但是我找遍了安西的车站、旅店，也没找到她的影子，只听人说，前几天是有一辆汽车往玉门方向开去了，司机旁边好像坐着个打扮漂亮的女人。失望和疲惫一下侵袭了我全身，几乎要一头倒在地上。我强打着精神，匆匆喝了点水，吃了点干粮，给马喂了点草料，坐下休息了一会又继续向玉门方向追了过去。不知追了多久，也不知在什么地方，我颤悠悠地从马上摔了下来，失去知觉，什么也不知道了。"

"后来才知道，我是被当时在戈壁滩上找油的玉门油矿地质

学家孙建初和另一位老工人救起的。那里已地靠赤金，在赤金外的公路旁，发现我一个人倒卧在戈壁滩上，无声无息。经过急救和三天的护理，我才恢复过来。后来当地一个农场的张场长闻讯赶来，他是我浙江的同乡，他安慰我，也劝导我注意身体。他又告诉我说不要再寻找陈芝秀了，她已经到了兰州，并立即登报说与我脱离夫妻关系，离婚……"

　　家里的生活突然失去了妈妈的照顾，一下子乱了套。弟弟嘉陵那时才五岁，什么也不懂，只知道找妈妈，他一天到晚不停地哭，"妈妈""妈妈"地喊。但有什么办法？万般无奈之下，爸

1946 年陈芝秀出走后，常书鸿与常沙娜、常嘉陵
在莫高窟的林荫道上

爸对我说："沙娜，你回来吧，不然弟弟怎么办？家里怎么办？"我说："好。"我已经懂事了，非常听从爸爸，他说什么我都一定听的，于是就从酒泉退学回来了。就这样，我过早地结束了无忧无虑上学读书的日子，挑起了原本在妈妈肩上的那份重担。在这一点上我很像爸爸，有他那样的韧性，生活需要我干什么我就学什么，干什么我都不放弃。张琳英、乌密风非常同情我们，帮助我家做鞋、做衣服，教我织毛衣、给弟弟做鞋，教我做各种事情。我学做衣服，刚开始裁裤子时连在哪里开缝都不知道，跑去问张姐姐，她就耐心地告诉我怎么处理。我学妈妈把家收拾得干干净净的，还学会了做饼干给弟弟吃。至于怎么照顾爸爸，我虽然不懂，也按照自己理解的尽力做了。那年我刚十四岁，真是没妈的孩子早当家。

4月，妈妈出走，顷刻间家已不像个家。为了神圣事业的继续，爸爸承受着无情的打击，咬牙挺着。然而，他受到重创的心还未完全愈合，又一个重击到来了。

7月，国民党政府教育部发布命令，撤销敦煌艺术研究所，并且停发了经费。

常沙娜怀抱绵羊与弟弟常嘉陵坐在草地上

这是一次更加严重的打击。

眼看呕心沥血开拓的事业就要夭折在摇篮里，爸爸忍无可忍。为了保护敦煌艺术，为了研究所的存在，他呼吁、团结职工苦渡难关，坚决要把研究所继续办下去。

据说，他写了信给梁思成、徐悲鸿，还有张道藩、于右任等人，请他们代为呼吁。他在绝境之中奋力抗争，终于争取到国内各爱国民主力量的支持。

这年立秋后的一天，爸爸欣喜若狂，他激动万分地奔到九层楼的大佛殿敲响大钟，像鸣放礼炮一样，敲了整整二十一响。千佛洞沸腾了！

8月15日，在世界反法西斯战争节节胜利的形势下，日本宣布无条件投降。受尽苦难的中国人民，终于盼到了这一天。我们欢喜雀跃，杀羊聚餐，庆祝胜利。

就在抗战胜利喜讯传来的同时，中央研究院由傅斯年院长接管敦煌艺术研究所的通知也寄到了，研究所保住了。

哪知喜庆未尽，新的问题接踵而来。就像丰收，往往也

沈福文夫妇抵达莫高窟后在水渠边与常沙娜合影

是凋零的开始。敦煌研究所的人员多是囿于战时的特定情势而聚集到千佛洞来的，战争结束了，人人都想返乡回家，研究所也掀起了"复员潮"。董希文、张琳英最先申请离开；接着周绍森、乌密风、李浴也走了；最后，连刚来时间不长的潘絜兹也告辞了。他们多是研究所的主力干将，是爸爸的左膀右臂，爸爸设身处地为他们着想，不能不点头放行。但人都走了，工作还怎么干下去？

工作人员一批批陆续离开，研究所已成空巢，千佛洞重新陷入沉寂。萧瑟的秋风中，爸爸独守空巢，失落至极。

他后来在回忆录中记下了那段凄凉悲壮的感受："敦煌的夜是如此万籁无声，死沉沉，阴森森的，只有远处传来几声恐怖的狼嗥。这样的夜，我本是早已习惯了的，可是如今我却是辗转反侧怎么也不能成寐了。我披衣走出屋，任凉风吹拂。我向北端的石窟群望去，'层楼洞天'依稀可辨，那是多么熟悉的壁画和彩塑，在那里蕴藏着多么珍贵的艺术啊！当我一来到这个千佛洞，我就感到自己的生命似乎已经与它们融化在一起了。我离不开它们。现在，经过几年的努力，不但没有淡化我对这些石洞的感情，而且更深了，这里有我和同事们付出的众多心血……"

"这时，我不由又想起几天前，由敦煌县长带来一个国民党军官，在游览中想凭他的势力，明火执仗地拿走石窟中一件北魏彩塑的菩萨像，说是放在家中让他妈妈拜佛用，真是荒唐。后来我费尽口舌，并以女儿沙娜画的飞天画作为交换，才把那个家伙送走。想到这些，我如果此时离开，把权力交给敦煌的县长，这个艺术宝库的命运是不堪设想的。几年的艰苦岁月，这些洞窟中留下了我们辛勤的汗水，而这些艺术珍品也在艰苦环境中给了我们欢乐和欣慰。思前想后，我默默发誓，我决不能离开，不管任何艰难险阻，我与敦煌艺术终生相伴！"

爸爸选择了留在敦煌，决心与敦煌艺术共命运。我在爸爸身边亲历着这一切。

1945年冬天，为了和中央研究院落实各项接管关系，爸爸带着我和嘉陵动身去重庆述职。研究所最后仅存的两名纯朴、忠厚的工友窦占彪和范华留守千佛洞，为我们送行。

常沙娜与弟弟常嘉陵、继母李承仙合影

那时中寺已经非常凄凉，尽管爸爸一再声明自己还要回来，但研究所已成这个样子，窦占彪和范华怎能相信他的话？他们认定我们这一去就不会再来了，所以分别时特别难过。"男儿有泪不轻弹"，他们挥泪告别，爸爸也掉眼泪了。几十年后，范华回忆起这段往事，对当时的情景仍记忆犹新，十分动情。

　　这次我们是骑毛驴离开千佛洞的，爸爸骑一头，我搂着嘉陵骑另一头……

常沙娜与父亲常书鸿、弟弟常嘉陵在莫高窟洞窟内

父女联璧 初露画坛

1946年初在兰州双城门（皋兰门城楼）举办的父女画展，可以说是我未来艺术生活的转折。我遇到了叶丽华。

我们三人骑毛驴到敦煌，又换了一辆卡车接着走。我坐在驾驶室司机旁边，抱着嘉陵。嘉陵还小，又在生病，一路上发烧，需要几个小时吃一次药，没有热水。我弄个玻璃瓶装满水揣在怀里，用体温保持瓶水的温度；到该吃药的时候，我就把水瓶拿出来喂他。就这样颠簸了不知多久，好不容易才到了兰州。

这次，我们在兰州停留的时间比较长。

为了扩大敦煌的影响，应五省检察院甘宁青监察使高一涵和

甘肃省教育厅厅长等人的建议，爸爸把准备带到重庆的我这几年临摹的一批敦煌壁画作品和他在敦煌画的少数民族速写、油画写生二三十幅拿出来，在兰州的双城门（皋兰门城楼）办了一个"常书鸿父女画展"。这个计划外的画展非常成功，影响不小，它宣传了敦煌，使许多人知道了敦煌艺术；也许因为是父女画展，更引人注目，兰州一些文人尤为重视，我的画也广受好评。

画展期间，来了一位加拿大籍的犹太人叶丽华（Reva Esser）。当时，离兰州不远的甘肃省山丹县有个国际"工合"组织（工业合作组织）办的"山丹培黎学校"，由新西兰友好人士路易•艾黎主持，教当地贫苦的孩子学习文化和一些实用的技术，包括木工、印染、陶瓷等手工技艺。说到山丹培黎学校，人们都知道路易•艾黎，直到现在，山丹还有路易•艾黎的一个纪念馆，而且山丹培黎学校也一直在办，延续至今。叶丽华是路易•艾黎亲自为培黎学校聘请来的印染教师，原来在加拿大搞印染，那时她大约四五十岁，在我眼里就是个老太太了。她当时正好路过兰州，看了展览，也看到了我。那年我十五岁，已经长成大姑娘样了，比较引人注目，她很喜欢我，对我很亲近。她对我爸爸说："你的女儿很有才华，画的东西多好！可是她这么年轻，老待在山沟里不行，应该让她到外面去见见世面。我建议你把

在莫高窟骑马的常沙娜

女儿送到美国学习，我会给你联系，你考虑一下。"爸爸觉得这个想法不错，但是美国比较遥远，当年在兰州很少见到外国人，我们和叶丽华素不相识，这人信不信得过也不知道，于是爸爸就含糊地回答："好；好，她还小呢，过几年再说吧。"叶丽华表示，她在培黎学校的聘任期是三年，那就再等三年吧。她和爸爸做了这样一个口头的约定，并没有决定什么，爸爸也没有认真放在心里。谁知这老太太倒很把爸爸含糊的承诺当回事，两年多以后（1948年），她要离开山丹培黎学校时真的到敦煌莫高窟来找我们了。

重返莫高窟

　　1946年5月，爸爸在混乱的重庆艰难奔波了两三个月后，终于和中央研究院接上了关系。他在《九十春秋——敦煌五十年》一书中回忆："我在5月间找到了中央研究院的傅斯年院长。他刚从延安参观回来。他当时代表中央研究院的朱家骅，作为留守在重庆本院的负责人。我向他汇报情况以后，他对我孤军奋战、坚守在戈壁之中保护敦煌文物表示十分钦佩和赞赏，并要我将遇到的困难和问题提出来，一定帮助解决。我提出了关于经费、隶属关系和补充人员、购置图书等问题。他说，敦煌艺术研究所今后是隶属中央研究院的一个所，增加人员、购置图书设备马上可以办到。我还要求有一个方便的交通工具，最好是卡车，以便我们将添置的人员设备一起运到敦煌去，最后，他帮忙拨来了一辆美制十轮大卡车。我们还购置了一台小发电机和照相机、胶卷以及绘图用的纸张、画笔、颜料等。这辆十轮大卡车，满载着我复兴敦煌艺术研究所的希望和新招收的人员、材料开往敦煌。"

　　爸爸的奋斗终于有了结果。在过去的一年里，他承受了足以使普通人崩溃的重重打击，不仅没有被压垮，还以惊人的力量背水一战，绝地奋起，终于赢得了胜利。他有超常坚强的神经，有杭州方言称为"杭铁头"的倔犟性格，更有与敦煌艺术融为一体、生死不离的不解情缘。也许是他对敦煌的至爱感动了天地，不离不弃的忠诚使他得到了佛的庇佑。总之，否极泰来，他成功了。

　　1946年6月中旬，我和嘉陵跟随爸爸，登上那辆满载人员、物资的美国产斯蒂贝克牌十轮大卡车，风风光光地重返敦煌。

　　出来时，是冬天，我们骑着毛驴，三个人。

　　准备返回时就是夏天了，我们热情洋溢，浩浩荡荡。

爸爸精神振奋，重新招兵买马。中央大学艺术系毕业生郭世清、刘缦云夫妇，国立艺专毕业生凌春德，四川省立艺专毕业生范文藻、霍熙亮都应招而来，还有重庆国立艺专毕业生段文杰在兰州等着，一起奔赴敦煌。

第二年，从成都国立艺专又来了孙儒僩、黄文馥、欧阳琳、李承仙、薛德嘉、萧克俭、李其琼等一批人，这支以四川籍艺术青年为主的新生力量生龙活虎，比前一批的董希文等人更年轻，更有朝气。敦煌艺术研究所梅开二度，更加兵强马壮了。

一行人马声势挺大。抗战胜利以后，重庆有好多剩余的美军物资，我们上路时就装备了不少；那辆美国十轮卡在敦煌从来没人见过，新买的照相机也是美国造，背的是美国兵的水壶，还有人穿着美国的军服。

这次重返敦煌，爸爸对未来充满希望，做了方方面面的准备。他说："我一定要把千佛洞改造过来，那里没有鸭，没有鹅，我们把鸭和鹅带过去。"他在十轮卡的车头前装了一个竹条编的大笼子，里面是要运到敦煌去的小鸭和一只小鹅，并交代我："沙娜，每到一站你负责喂它们！"

爸爸还带了很多波斯菊的花籽。那时敦煌没有波斯菊，其实这种来自西域的花很适合在那里生长。自从爸爸带去花籽，种下它们，波斯菊就在敦煌扎下了根，长得非常茂盛，非常漂亮。

当时条件那么艰苦，工作那么多头绪，爸爸还想着要养鸭、养鹅、种花。生活是多样的、美好的，他热爱生活，追求美好，

1 常沙娜与黄文馥

2 常沙娜与薛德嘉、常嘉陵、黄文馥、欧阳琳等

3 常沙娜与欧阳琳、薛德嘉、黄文馥在沙山上

4 薛德嘉与常嘉陵及小朋友

5 朋友们集体合影（左：黄文馥、薛德嘉、孙儒僩、欧阳琳和霍熙亮，右：范文藻和段文杰）

6 常沙娜与黄文馥

```
1   4
2
3   5
```

1 欧阳琳、黄文馥与薛德嘉

2 常沙娜与黄文馥在大泉河边的石墩上玩

3 薛德嘉、欧阳琳与黄文馥在丛林中

4 常沙娜与黄文馥

5 欧阳琳、黄文馥与常沙娜

一心要在戈壁中的敦煌创造出像江南故乡那样的好生活。

如今，莫高窟绿树成荫，白色、粉红、玫瑰红的波斯菊盛开，看见波斯菊我就想起爸爸。在我的心目中，波斯菊就是爸爸的象征。

我那时候十五岁，单纯、天真，没有什么私心杂念，无论环境多差、多苦都能适应。这一路上的气氛和离开敦煌时完全不同了，嘉陵也大了一岁，我喂鸭子喂鹅，非常快活——我们又回敦煌了！

我们一路走走停停，在中秋节前夕抵达了千佛洞。两个留守的工友范华、窦占彪原以为爸爸不会再来，这时看见爸爸和我们居然都回来了，而且研究所重振旗鼓，又要兴旺起来，都感动得热泪盈眶。

1946 年回到敦煌后的系列合影

没有学历的学业

回到敦煌以后，我集中精力在石窟里临摹壁画，扎扎实实地画了将近两年，除了必要时到敦煌县中上上课，拿了个初中毕业证书。

爸爸对我的学习抓得很紧，他要求我每天一早起来，以唐人经书为帖练字，再朗读法语一小时，然后像研究所工作人员一样去洞窟临摹壁画，晚上则安排我跟着大家画速写。爸爸对我要求严格，我也一板一眼，严格地照他的要求做。唯独有一样我没有照办：他让我照唐人写经天天练字，我没有坚持写；如果认真练了的话，我想我后来的书法应

该也会很好的。

爸爸要求我从客观临摹入手后以整理临摹为准，将北魏、西魏、隋、唐、五代、宋、元各代表窟的重点壁画全面临一遍，并在临摹中了解壁画的历史背景，准确把握历代壁画的时代风格。他开始给我讲课，给我介绍历史，让我系统地了解敦煌各时代画风的特色。后来，除了系统临摹之外，他看中了哪幅画就让我画。

我每天兴致勃勃地蹬着蜈蚣梯，爬进洞窟临摹壁画。那时洞窟都没有门，洞口朝东，早晨的阳光可以直射进来，照亮满墙色彩斑斓的画面。彩塑的佛陀、菩萨慈眉善目地陪伴着我，我头顶上是节奏鲜明的平棋、藻井图案，围绕身边的是神奇的佛本生、佛传故事和西方净土变画面，"那建于五代时期的窟檐斗栱上鲜艳的梁柱花纹，那隋代窟顶的联珠飞马图案，那顾恺之春蚕吐丝般的人物衣纹勾勒，那吴道子般舞带当风的盛唐飞天，那金碧辉煌的李思训般的用色……"（常书鸿：《九十春秋——敦煌五十年》）满目佛相庄严，莲花圣洁，飞天飘逸，我如醉如痴地沉浸其中，画得投入极了，兴致上来，就放开嗓子唱歌："长亭外，古道边，芳草碧连天……"那是我在重庆中央大学附中插班读书时学会的歌，作者

常沙娜临摹西魏 288 窟"伎乐菩萨"（1947—1948 年）

李叔同是艺术家，又是高僧大德，他作的歌词美得与众不同，令人难忘。随着太阳转移，洞里的光线越来越暗，而我意犹未尽，难以住笔。

在大漠荒烟中，我修行着自己艺术人生第一阶段没有学历的学业。七十多年后的今天，在画册上、在美术馆的展厅里再次看到自己十几岁时的临摹作品，我依然会怦然心动：少年纯真的激情融入艺术殿堂神圣的氛围，会迸发出多么灿烂的火花！如西魏285窟的那几个力士，我画得那么随意，那么传神，线随感受走，笔触特别放得开，颇有些敦煌壁画的韵味。当时别人对我的评价是：画得不比大人差。爸爸看了也很高兴，不断地鼓励我。

爸爸还教我怎么用色。他只让我用马利牌广告颜色练画，不让我用矿物石青、石绿的国画色，因为在敦煌当时的条件下，国画颜色是很珍贵的。自己研磨做的土红、土黄可以随便用，临摹壁画那些颜色用得最多，而且

1948 年夏，常沙娜在南京与父亲常书鸿观看敦煌摹本

1948 年夏，常沙娜与父亲常书鸿在南京大学校园吕斯百家中

保持得最好。而用广告色画的画经过了六十年，到现在颜色还挺好，我不讲究颜料，效果也不错。

除此之外，爸爸还给我规定自习时间，要我看古典名著，中国的《三国演义》《红楼梦》，外国的《高老头》《约翰·克里斯朵夫》等书，我都是在这段时期看的。这类书籍研究所图书室内都有，爸爸一直想在敦煌建设一个完整正规的研究所；每次他到重庆都要为所里买很多画具、纸张，还先后购置了不少图书。爸爸要求我看完书写心得，又让我把感想写给吕斯百爸爸看，他说："你要告诉干爸你在做什么。"我知道吕爸爸曾经责怪他："你不好好培养沙娜，光叫她画画，让她变成一个画工、画匠，这样不行！"

于是，我就把自己看了书想说的话都在给吕爸爸的信里尽情挥洒，有的信是长篇大论，写得很长很长。吕爸爸非常认真，他仔细看我写的心得，再回信为我详尽地分析、讲解，讲作品产生的历史背景，讲作者的个人经历、思想历程，讲文学的思想性和艺术性……我们就这样来来回回地在信中一教一学，我由此学到了许多知识，学习颇有成效。后来，我给吕爸爸写信形成了一个习惯——凡写信就要谈读书感想。他总是很认真地给我回复，每个月我们至少往返两封信。吕爸爸在我身上付出的时间甚至超过了我爸爸，爸爸没有他这么大的耐心，也没有这么多时间。

虽然我没能正规地完成学校教育，但我学完了爸爸为我量身定制的一套课程，这段没有学历的学业，为我一生事业的发展奠定了基础，使我终身受益。

再见了，敦煌

1948年春天，叶丽华到敦煌来了。她之前没来过敦煌，只是在展览会上看到我们临摹的千佛洞壁画，很感兴趣。她见到我挺高兴，在我的房间里住了两天，我陪她看了不少洞窟。

叶丽华问爸爸："怎么样？我带沙娜去美国的事，你考虑得怎样了？"她在山丹培黎学校教书的聘任期快要满了，准备回美国去。她告诉爸爸，自己有两个女儿，大女儿在南美的波多黎各，小女儿在美国波士顿。小女儿夫妻俩都在哈佛大学工作，生活比较稳定，她已经把带我到美国读书的想法告诉了他们，他们准备介绍我到波士顿美术博物馆的附属美术学校去。叶丽华说，那里环境很好，学习条件也非常好，把我带到那儿，她愿意做我的监护人。

为了这件事，爸爸思来想去，犹豫了很久。我是他最疼爱的孩子，妈妈走后，我支撑起了半个家，与他相依为命。他把我带进了自己的事业，在我身上寄托了很高的期望。现在我尚未成年，他怎么可能放心大胆地把我交给一个陌生的外国人呢？在兰州第一次听叶丽华讲她的计划时，爸爸并没有当真，只是含糊地应付了一下，后来几乎把这事忘了。可没想到，今天叶丽华真的来了，看来是真的准备带我走，他作为父亲，该做何决定？

　　和第一次在兰州见叶丽华时相比，现在影响爸爸考虑问题的因素更多了，又增添了一些非常现实的成分。我家的情况与那时已有不同，他又结婚了，和李承仙建立了新的家庭，以后还会有新的孩子。嘉陵整天淘气，六七岁的孩子已经到了该上小学的时候，但莫高窟没有小学，如送到敦煌，由谁照管他？当地无法解决的话，只能考虑把他送走，到其他合适的地方去上学，这样，嘉陵就不再需要由我来照顾了。而叶丽华所说的计划若能如实兑现，她真的能够负担我在国外读书的费用，保证我的安全，我就可以顺利地到美国接受高等艺术教育，这无疑是个天赐良机……后来我才知道，爸爸曾考虑过送我到北平艺专上学，他已寄过信给当年在艺专的徐悲鸿先生，但直到二十多年后的"文革"后期，我才见到徐先生给爸爸和我的来信。

　　爸爸犹豫来犹豫去，拿不定主意。他还跟我商量："沙娜，你想去美国吗？"我内心也很矛盾。从重庆回来以后，各方面都安定了，我全身心地跟着大家临摹壁画，临摹的效率很高，也很喜欢，成绩也不错，我已经很习惯这种生活了。我对爸爸说："我不认识美国，我不大想去美国。"那时，我只是个半懂事的孩子，还不能全面体会爸爸的心思，从自己的感情出发，我心里还有几分酸酸的无奈：新妈妈来了，我们姐弟都得走……只是这样的想法我从没有说出来过。

我们到了南京，住在干爸吕斯百家里，李承仙留在敦煌没有一同去。吕爸爸一直非常关注我的前程，他希望爸爸到南京，一起好好商量商量我去美国的事。他认为首先得弄明白叶丽华这个人是不是靠得住，如果没问题，还要找律师履行必要的法律程序，才能放心由她来做我出国的监护人。另外，他希望我到南京来守着干妈马光璇，如果去美国，她好为我补习英文。干妈那时已经是南京大学外语系的教授了，她的法文是强项，英文水平也很高。

我又见到干爸干妈，高兴得不得了。他们住在在南京大学的宿舍里，我从戈壁滩出来走进大城市，一看那环境真是高级；嘉陵更是兴奋，看什么都新鲜。干妈做什么事都有条不紊，干干净净的，吕爸爸则很严肃，说："沙娜，你来了就安静下来，如果你到美国，一定要补习一下英文。"干妈也鼓励我："你有法文基础，学点英语还是容易的。"

干爸干妈对我们非常好，但是我在大城市生活很不习惯。一是怕坐公交汽车，上了车就恶心、呕吐，难受得要命。我坐大卡车从来没问题，可是坐公共汽车就不行。另一个是怕出去买东西。在敦煌这么多年我从来没买过东西，在重庆时也用不着我买东西。到了南京，干妈让我上街去买这买那，可是怎么买、怎么找钱我都不会，手里拿着钱就是算不过账来，头昏脑胀，话都说不清楚，完全像个傻子。我出门总是带着嘉陵，嘉陵东看西看，很不省心，加上一上车就晕车，后来我就不愿意上街了。干妈说："瞧沙娜到敦煌成了这个样子，变成原始人了！"

关于叶丽华，爸爸和吕爸爸通过了解，认为她还是可信的。山丹培黎学校是为帮助、培养穷苦孩子而在中国办的学校，主办者路易•艾黎是很知名的国际友人，叶丽华在这个学校任教，背景是可靠的。而且她当初带我去美国的承诺并非随意说说，当培黎学校聘任期将结束的时候又到敦煌和爸爸谈，说明她确有诚意。这样，我去美国的事情就基本定了下来。

但同时叶丽华提出，我赴美时要随身带去我临摹的一百幅敦煌摹本。对此爸爸犹豫过，但经过考虑还是答应了。他非常谨慎、非常认真地给大大小小每一幅要带走的画都盖上敦煌艺术研究所的图章，一个章是中文的，一个章是英文的（其实那些画并不属敦煌艺术研究所，都是我个人学习画的），与叶丽华的签约也包括了"随身带去沙娜的敦煌临摹本一百幅，回国时随身带回，不得在美国出售"的条款。

那时爸爸还得忙着筹备南京的敦煌展览，吕爸爸就负责找律师。后来叶丽华也到南京来了，面对面谈过之后，她也同意找律师，外国人很习惯这样做。得到了律师公证，由叶丽华做我的监护人没问题，她也很高兴，看到有这么好的干妈教我英文，她就更高兴了。叶丽华是讲英语的，不会说法语，和爸爸谈话很吃力，在敦煌时，她讲一点磕磕巴巴的中文，爸爸讲一点蹩脚的英文，法文她听得懂一点，英文爸爸听得懂一点，两人就这样凑合，中文、英文、法文，三种语言绕着说。到了南京，我干妈英文很好，能和她流利地交谈，这就方便多了，顺利地办妥了律师方面的手续。

我去美国的时间越来越近了，可是嘉陵怎么办呢？

嘉陵淘气，又要上学，如果放在干妈家里，干妈是受不了的；她的性情特别安静，喜欢有序的生活，来个这么淘气的小男孩，肯定不行。爸爸也知道不能给干妈增加负担，就打算把嘉陵送到杭州我大伯伯家。其实大伯伯也很难，那时他已经有六个孩子了，在杭州生活得相当困苦。但我大伯伯为人非常好，他了解我妈妈的整个经历，知道爸爸妈妈从结婚到离散的全过程，看见爸爸实在没办法安排嘉陵，他说："没关系，你让嘉陵来吧，多摆一双筷子而已。"大伯母也十分善良，她知道我妈妈，很同情她，觉得她走得很不幸，对嘉陵也很同情，他们夫妻俩都能理解，愿意帮助，事情就这样决定了。我在美国两年多，嘉陵一直在杭州上小学。大伯伯家兄弟姐妹众多，大大小小很热闹，大伯伯非常宠爱嘉陵，对他特别优待，往往单独带他出去，到西湖边吃一顿醋鱼什么的，家里其他孩子只要看见父亲带嘉陵出门，就知道是带他吃好的去了，以至为父亲的偏心而忿忿不平。我的堂妹妹一讲起这段来就半开玩笑地说："我们那个时候真苦，真困难，可嘉陵尽吃好的！"嘉陵到杭州的事定了，但是要等到把我送走以后再送他。

为上述事情准备了半年，总算样样都有了头绪。

8月22日，爸爸在南京忙碌筹备的"敦煌艺展"也开幕了，展出了八百多幅敦煌壁画摹本，在画展里还对"常书鸿的女儿常沙娜十五岁就在敦煌临摹"进行了宣传，媒体就此对我做了一些报道。那次展览影响很大，蒋介石冒雨去参观，国民党政府的高官要员也纷纷去看，开幕时还邀请了不少驻华外交使节。就为这个展览，爸爸在"文革"期间没少挨斗。因为1948年夏天，国民党军队在内战中败局已定，蒋介石的统治岌岌可危，已经在做败退台湾的准备，这时候举办的敦煌展览恰好被国民党利用来粉饰太平，以假繁荣掩盖即将垮台的真相。

不久，展览又移到上海展出。后来国民党的教育部长朱家骅派人带着手令去找爸爸，要求他从速把全部摹本送到台湾展出。爸爸当时敷衍说制版印刷后就送去，心里却明白，这些珍贵的摹本浓缩着敦煌艺术的精华，是敦煌同人多年来艰苦努力、呕心沥血的成果，在这混乱的时刻绝不能送到台湾去。他后来回忆道："为了防止国民党教育部取走敦煌全部摹本，我连夜将摹本包扎好分别交给上海李承仙的姐夫朱惠康和杭州我大哥常书林帮助隐藏起来。第三天，我通过朋友搞到一张去兰州的飞机票，离开了上海，辗转兰州、酒泉、安西，回到了千佛洞。"（《九十春秋——敦煌五十年》）爸爸的脑子非常快，行动也非常快，在关键时刻及时保住了这些不可多得的文化财富。这是我离开南京飞赴美国以后发生的事了。

| 1 | 3 |
| 2 | 4 |

1 吕斯百与常嘉陵在机场送别常沙娜

2 1948 年 10 月，常沙娜赴美临行前，常书鸿特意在女儿小皮箱上写上
  "S．D"缩写

3 常沙娜与难舍的弟弟常嘉陵在机场

4 机场合影（左起：常嘉陵、常沙娜、叶丽华）

我是在1948年9月底10月初离开南京的，从南京到上海，再从上海飞往美国。吕斯百爸爸一直把我从南京送到上海机场。他和干妈把我当亲生女儿一样对待，为我的前程操尽了心，其周到和细致，甚至超过了我的爸爸。没有他们的努力，或许我不会来到这个机场。

　　临行前，爸爸给我一个随身用的小皮箱，上面写着法文字母：S.D.。这是我的名字的缩写，他用油画笔给我写上去的。他在小皮箱上一笔一笔专心写字时的情景给我留下了非常深刻的印象，多少年都忘不了。对爸爸来说，我是最听话的乖女儿，从小听着他的话长大，在敦煌与他相依为命，他最艰难的时候我陪在他身边。现在，我不知道自己离开爸爸的日子会是什么样子。爸爸望着我的慈爱目光中，也分明夹杂着几分怅然。

　　李承仙的姐姐在上海，她对我很好，当时她怀孕了，大着肚子，也和丈夫一同到机场来为我饯行。大家一起吃过饭，就送我和叶丽华上了飞机，我最后和他们合影留念。记不得拍照的人是谁了，我要感谢他为我留下了这些珍贵的照片。照相时我还努力在笑，但很快就笑不出来了。要告别嘉陵了，我真是舍不得啊，自从妈妈离开，这个比我小十岁的弟弟就与我如影随形，我又当姐姐又当妈，全心全力照顾他。现在，我就要飞到地球的那一边去了，将离他千万里远，他这么小的孩子离开家，走进一个完全不同的环境，没有姐姐在身边，将会怎样呢？嘉陵一直闷闷不乐，见我提着小皮箱跟随叶丽华走上飞机舷梯，他的眼泪就掉下来了。

飞机下面，吕斯百爸爸在向我挥手，父亲在向我挥手，父亲身边是小小的嘉陵……飞机在震耳的轰鸣声中起飞了。我平生第一次坐飞机，遭遇到比坐公交汽车更强烈的头晕、恶心，难过得无法忍受。天哪！我怎么办？离开了爸爸，离开了嘉陵，离开了吕爸爸，离开了敦煌……我终于爆发了，不管不顾地嚎啕大哭起来。坐在旁边的叶丽华轻轻拍拍我的手："沙娜，沙娜，What's the matter？What's the matter？（你怎么了？）"我没有回答她，越哭越凶，情感极度的失落与身体极度的不适搅在一起，哭声与飞机的轰鸣声搅在一起，我就这样一路哭泣着，走进了那个陌生的国度，走进了另一个全新的世界。

永远的敦煌

人常说，时间是流动的。
但每个人的人生总会有那么一段时光
像是永远留驻，让人时时回想，仿佛触手可及。
人常说，情感是难以捉摸的，
却总会有那么一个两个地方像是磁石，
不断地吸附我们的情感，
让它无处可逃。

在美国的敦煌记忆

我从上海乘飞机离开祖国，途经檀香山，到达波士顿。叶丽华的小女儿到机场接我们，我的入学手续他们都提前办好了。这样，我很顺利地进入了波士顿艺术博物馆附属美术学校（Boston Museum School, Department of The Museum of Fine Arts）。

我的课程包括素描课、人体解剖课、美术史课，然后是透视课、色彩课、绘画课、设计课……在敦煌的学习经历使我学习这些并不难，特别是绘画技巧方面的专业课。有时候，我把敦煌的元素加入设计当中，菩萨、飞天、莲花、祥云……我想念敦煌，这些在我的笔下栩栩如生，线条活了，画面也活了。

我喜欢波士顿艺术博物馆，它的藏品非常丰富，东方的、西方的，欧洲、亚洲、非洲的，包括中国敦煌的珍贵文物在那里都能看到，而且都是原作。我们在课堂上听了课，接着就可以到博物馆展厅去看实物，对照理解，有这样得天独厚的学习条件，我学得兴趣盎然，知识的记忆也特别牢固。学习使我的视野豁然

开朗，看到在敦煌之外，还有希腊、罗马，还有埃及、两河流域等，了解了各种文化之间的联系，也了解到敦煌佛教艺术与西域丝绸之路文化的渊源。

留学的日子过得很快，我也常常给父亲写信，给吕思百爸爸写信。

暑假的时候，叶丽华要到南美波多黎各她的大女儿家去，于是安排我到一个民办的慈善儿童夏令营去打工。在美国人的意识里，打工挣钱、不坐享其成是天经地义的事。她说："大家都凭个人的收入生活，我该做的都做了，但是你不能只靠我，你要自己工作，自己奋斗。"我接受这个新的观念，它始终影响着我，自立、自强。

初抵美国波士顿艺术博物馆美术学院时，常沙娜在校门前与新同学合影

我到美国时，按照叶丽华的要求随身带了大大小小一百幅在敦煌临摹的壁画摹本，她除了带我去上学，还以我与敦煌的关系做了一些宣传。

叶丽华将其中的一些小幅画在纽约的文化馆办了个小型展览，我还专程去了一趟纽约出席。记得当时让我把展出的部分摹本做了些简单介绍，那时候我特别腼腆，不爱说话，一说话就脸红，很不适应这样的场面。展览之后，壁画摹本就留在纽约叶丽华的侄女奥尔加（Olga Phiel）的家了。

在波士顿，叶丽华还安排我去一些地方现场画画，请不少人来看我默画敦煌壁画。我随笔默画了一部分北魏时期的伎乐人和有动物的山景，全凭自己脑子里的记忆和在敦煌练出来的功夫，得到了人们的惊叹和赞扬。那些当场默写的画叶丽华可能就把它们卖掉了。

给我印象最深的是1949年6月28日的一次现场画画，地点在波士顿一个环境非常优雅的庭园里。我穿着出国前干妈马光璇

常沙娜与叶丽华在叶丽华女儿家过圣诞节

为我做的锦缎旗袍（这是我最漂亮的一件衣服），胸前戴了两朵挺大挺香的栀子花，自己觉得样子有点异样；但那时美国人就兴这样，在纽约参加画展时我也是戴着这样的大花。那天我的同学好友露丝陪着我，坐在我旁边，有不少中国留学生来看我画。当时了解敦煌的人极少，看见这么年轻的女孩能默画出这么奇妙的画，他们都惊讶得很，非常赞赏，所以兴致很高。画完以后大家一起合影留念，我还专门和露丝合了影。

就是在那天，我认识了赵元任的女儿爱丽丝·赵。博学多才的赵元任是中国现代语言和现代音乐学的先驱，被誉为"中国语言学之父""文艺复兴式的智者"，与梁启超、王国维、陈寅恪一起被称为清华"四大导师"。那时他正在美国伯克莱加州大学教授中国语文和语言学，还担任美国语言学学会主席。他有好几个女儿，爱丽丝·赵不知排行第几，她看了我画画，很喜欢，就把我带到她家去了。过了很久我才知道自己多么幸运，那天我被带进赵元任的家，也就被带进了当时进步的中国留美学生的圈子，进入了一个新天地。

那时赵元任家里还住着几位爱丽丝·赵的朋友，包括陈秀煐、李滢等，都是些中国留学生。陈秀煐当时在哈佛大学读心理学，多少年后她对我说，那天她认识了一个小姑娘，"头发长长的，有时梳上辫子，有时散着"，这是她们对我的第一印象，而我到美国以后也是第一次接触其他留美的中国留学生。由陈秀煐我又认识了她的姐姐陈秀霞（回国后在外交部工作），后

好友露丝陪同常沙娜在美国波士顿庭园现场作画，
后立者为叶丽华夫人

来又认识了她们的大哥陈一鸣，还有其他许多人，我和他们中不少人的友谊一直持续到半个多世纪后的今天。

　　当时在美国有一个最大、最有影响的中国学生团体——"北美基督教中国学生会"（Chinese Student Christian Association in North America, 简称CSCA），原是个由基督教会支持的、有历史和传统的中国学生团体，以联谊、服务、自我教育为宗旨。抗战胜利后，国内来美留学的中国学生人数众多，其中许多人有着强烈的爱国热情，有成就一番事业的理想和求知的渴望。在他们的参与和倡导下，CSCA的活动更活跃，更与时代发展同步。

常沙娜从美国寄给国内亲人的照片（正·背）

常沙娜在叶丽华的女儿家中

我新结识的这些年轻人正是积极参与CSCA活动的进步中国留学生，有的还是中国共产党的地下党员。他们做了许多工作，把周围的留学生们团结起来，组织起来。

陈一鸣是我进步思想的重要启蒙者，他回国后在上海宗教事务委员会工作，当时就是个地下党员，去美国前已经加入共产党了。陈一鸣在大家眼里就像大哥哥一样，非常亲切，他曾带我们去纽约的哈德逊河玩，大家都跳到水里游泳，只有我不会。我是在甘肃大沙漠里长大的，哪里会游泳，也没穿泳衣，就在河边蹚水玩，但很高兴。记得我还参加过他们组织的春令营，大概是4月，花开草长的季节。我还参加过演唱中国民歌的活动。这类年轻人喜闻乐见的联谊活动有效增进了留学生相互间的感情，离乡背井的海外学子经常在一起聚会，很快就有了家的感觉。1950年暑假，我又参加了CSCA组织的夏令营，活动就更多了。

常沙娜在美国纽约哈德逊河边

我就这样在波士顿生活了一年多。后来叶丽华离开了波士顿，我一个人住在那间公寓房里，当时已经认识了很多中国留学生，各方面都熟悉了，并不觉得寂寞。1950年的下半年，我也从波士顿到了纽约，那时包括陈一鸣在内的不少留学生朋友都到纽约去了。在纽约，我住在叶丽华的侄女奥尔加家里，奥尔加有个两岁的孩子托尼（Tony），我就在那里帮忙照看孩子，当baby-sitter，他们管我的吃住。同时，我到"纽约艺术学生联合会"（Art Students League）去继续学画，但那里是联合会性质的，可自选专业和工作室的教授，和我在波士顿读的正规美术院校不一样。这段时间通过陈一鸣等熟悉的朋友，我在纽约又认识了更多进步留学生。

回归

　　从1949年10月中华人民共和国成立之日起，留美学生回国的势头大增，"去建设一个新的中国"成了当时萦绕在大家心头的共同向往。众多留学生怀着满腔爱国热忱一批批回国，1950年上半年已处于高潮。他们搭乘的轮船威尔逊总统号和克利夫兰总统号穿梭往来于美国和香港。据不精确的统计，"从1949年9月起至1951年6月美国当局禁止中国留学生回国止，约有二十批留学生回国，每批回国的人从数十人到一百数十人不等（不包括转道欧洲等其他回国的）。"（陈一鸣、陈秀霞：《情系祖国心系人民》）

　　我在美国的学业才持续了两年，学历还没有拿到，现在该怎么办？叶丽华一直动员我和她一起到南美的波多黎各她大女儿那里去继续学习。她在纽约的侄女奥尔加也是犹太人，侄女婿与去过延安、后来加入了中国籍、加入了中国共产党的国际友人爱泼斯坦（Iseael Epstein）是好朋友，一个圈子里的人。大家都称爱泼斯坦为"爱泼"。他们对我都很关心。因为叶丽华一直催促我去波多黎各，我和父亲又联系不上，于是他们替我反复斟酌，拿出了非常关键的意见："沙娜，如果你要回国，就不要去波多黎各了。"可是我很为难，因为叶丽华在那边等着我，而且我有不少东西都在她手里，我上学画的作业她都已经带走了。奥尔加特别坦诚，对我说："如果你要回中国，就不能跟着我姑妈走啊。"她的丈夫也是这个意见，爱泼斯坦也劝我："你们国家现在发生了很大变化，解放了，新中国成立了，你应该回去，就不要再到叶丽华那里去了。"

他们的劝阻对我的前程起了至关重要的作用，加上陈一鸣等中国留学生朋友们回国的决心，促使我做出了提前回国的决定。我听从了大家的劝告。试想，如果当年我跟着法律认可的监护人叶丽华去了南美洲的波多黎各，后来的经历会是什么样子呢？具体情况我想象不出，但那条路很有可能造就出一个完全不同的我，一个和今天的我完全不同的常沙娜。

我考虑再三，也征求了陈一鸣的意见。在他的鼓励下，我终于下定决心，不去波多黎各，尽快回国，并马上开始着手做准备。

奥尔加夫妇积极支持我。为了挣钱买回国的船票，他们帮我找了一个离他家不远的陶瓷工场，每天晚上去那里打工。我干的是给陶瓷上釉的活儿，一个多月下来，挣了三百多美金，我就用这笔钱给自己买了一张1950年12月的威尔逊总统号轮船三等舱船票。

由于动荡紧张的国内外形势影响，有一段时间我和在国内的爸爸失去了联系，后来才又终于联系上。我把自己的决定写信告诉了爸爸，他给我回了一封信，信上说：你已决定要回来，要勤工俭学自己买票回来，那很好，我很高兴。但是你想到没有，你去美国读书还没有毕业，还没有拿到学位，现在就回来吗？我还是建议你学完了再回来。他开始很肯定我的决心，但最后又说了这样的话，看得出爸爸内心十分矛盾：他既希望我回国，又希望我完成学业。在不能两全的情况下，我不再犹豫了，决心已下，什么都不想了。

　　打工所得的三百多美元，买了船票之后还剩下一点，上路总该备些衣物。再买什么呢？那时候我习惯每天穿牛仔裤，当年的牛仔裤轧着红线，在美国是非常大众化的服装，最下层的老百姓都在穿，也很实用。那年头牛仔裤不像现在流行的那么长，穿法也和现在不一样，时兴的是把裤脚卷两下，露出下面的白袜子。其他东西我买不起，于是就买了两条最便宜的牛仔裤装入行李箱，准备回国以后穿。

　　1950年12月初，我穿着红毛衣、牛仔裤，乘威尔逊总统号轮船启程回国了。自走出敦煌，来到美国已经两年。这两年里，我的人生有了许多的变化，不变的是与敦煌的情缘。

1950 年 11 月，乘威尔逊号客轮返回祖国途中的常沙娜

敦煌文物午门展

　　到广州以后，我就和爸爸联系上了。爸爸在人民政府政务院文化事业管理局郑振铎局长的安排下，要配合抗美援朝进行爱国主义教育，在北京举办大型的"敦煌文物展览"。

　　我和爸爸两年多没见面了，这期间中国发生了翻天覆地的变化，我们自己的变化也很大。爸爸正在筹备的敦煌文物展览是按照周恩来总理的意见举办的。周总理说："抗美援朝了，我们要开展大规模的爱国主义教育，介绍中国的文化本身就是爱国主义教育的一个内容。"于是，通过当时的文化事业管理局指示筹办敦煌文物展览，把敦煌研究所建所以来临摹的所有壁画摹本以及六朝写经、唐代绢画等珍贵文物都拿到北京来展示。

　　筹备工作由郑振铎局长、王冶秋副局长主持，不少有关单位和专家学者都参与协助。爸爸是研究所的所长，重任在肩，非常振奋。除他之外，敦煌研究所的许多成员也都到北京来了。那一代人在莫高窟辛辛苦苦干了那么多年，能来到北京都特别兴奋。此时，我又见到了欧阳琳、黄文馥、薛德

嘉等曾经在敦煌一起生活过的大姐姐们，大家兴高采烈，还在
天安门里面合了影。我的继母李承仙也来了，她刚生下小弟弟
常嘉煌一年多，她的父母也在北京。

　　展览的场地在故宫午门城楼上，爸爸和其他工作人员都住
在天安门里院、午门外院之间的西朝房。西朝房是一排很长的
平房，当时条件很简陋，生活很艰苦，但从敦煌来的人有什么
不能适应的呢？我到北京后住在西单的留学生招待所，可没过
多久爸爸就说："你过来吧，和我们在一起。"于是我搬了过去，
和他们一起住在西朝房，感到回家的亲切。对于条件和环境
我从来不计较，也不会挑剔什么。以后爸爸就让我参加筹备展
览，给我派的任务，是在大约一比一百的莫高窟小石膏模型上
按原状上色，我就开始投入工作了。这次展览的规模相当大，
筹备工作非常紧张，研究所的工作人员都在没日没夜地干。我
也听爸爸的，让我干什么就干什么，和大家一块忙。

常沙娜从美国回国后在杭州见到弟弟常嘉陵

在北京天安门，常沙娜与继母李承仙和老友再相聚。
左起：常沙娜、黄文馥、欧阳琳、李承仙

不久，爸爸又派给我一项任务，让我和继母李承仙一起，到杭州、上海去取一批存放在那里的敦煌壁画摹本。就是那批1948年夏天在南京、上海举办敦煌艺术展览后，为了不让即将垮台的国民党政府得到展品运往台湾，爸爸紧急藏到上海李承仙的姐夫朱惠康和杭州我的大伯伯家的那些珍贵的摹本。摹本被妥善地保管了两年多，完好无损，现在它们就要重新亮相，展示于新中国成立后的第一次敦煌艺术展览了。

除了取回来的这部分壁画摹本，展览的另一部分展品是敦煌研究所的专家在新中国成立前后两年多时间里临摹的一些新作品，包括壁画和彩塑。展品中还有我带往美国又带回来的一些自己画的摹本，出国时这些临摹品都是盖了章、编了号的，我又把它们完完整整地带了回来。尽管我当年在莫高窟临摹壁画时还是个孩子，并非研究所的工作人员，爸爸却并不认为这些作品是属于个人的。这次展览以后，这些摹本还都送给中央美术学院作了资料。改革开放后，经我要求，中央美术学院又把这些摹本都送还给了我。

常沙娜在为莫高窟的石膏模型上色

梁思成与林徽因

敦煌文物展览是1951年4月筹备就绪的。4月7日，周恩来总理冒雨来参观，爸爸陪同接待。

有一天，爸爸告诉我，当时在清华大学任教的梁思成先生和林徽因先生要来了，他们夫妇两人身体都很不好，一般不出门，但是这个展览他们执意要来看。爸爸特别嘱咐："要好好接待梁伯伯和梁伯母。"

梁思成先生是爸爸多年的老相识，敦煌艺术同样是这位建筑大师的至爱，当年爸爸准备去敦煌任职的时候，他就是积极的支持者。1931年，从美国留学回国的梁先生和林先生加入了朱启钤创办的中国营造学社，致力于研究几乎失传的中国古建筑学问。他们苦心钻研世代相传的工匠秘本，并与营造学社其他成员一起，在极其艰苦的条件下踏遍祖国的山河大地，对遗存的众多古代建筑进行实地考察测量，开创了中国建筑田野调查的先河，积累了大量宝贵的第一手资料，并于1937年发现了山西五台山佛光寺东大殿这座唐代大木构佛寺建筑实物，取得

了至关重要的成果。梁先生当年撰写的两篇重要论文填补了中国建筑史上的空白，他在论文中写道："既然没有实例可查，我们研究资料不得不退一步到文献方面。除去史籍的记载外，幸而有敦煌壁画还在人间，是我们重要的数据。""敦煌壁画中有从北魏至元数以千计的，或大或小的、各型各类各式各样的建筑图，无异为中国建筑史填补了空白的一章。""敦煌是次于实物的最好的、最忠实的、最可贵的资料。"作为中国建筑界一代宗师的梁先生是借助敦煌壁画进行中国传统建筑研究的，他对这个举世无双的文化宝库无限

向往；但是在当年的现实条件下，他只能凭借伯希和的《敦煌石窟图录》进行研究，一直没能亲自去敦煌实地考察，为此抱憾多年。当我父亲有机会去敦煌工作的时候，梁思成先生积极鼓励他一定要去。据爸爸在《九十春秋 —— 敦煌五十年》中回

20 世纪 50 年代，梁思成与林徽因在清华大学新林院

20 世纪 50 年代的梁思成与林徽因

忆，当时梁思成先生对他说："你这破釜沉舟的决心我很钦佩，如果我身体好，我也会去的呢！祝你有志者事竟成。"在那关键时刻，这一席话对爸爸无疑是莫大的支持。后来爸爸在敦煌，梁先生在重庆，两人还有联系。当政府给研究所的经费长久拖延发不下来，研究所的生活、工作难以为继时，爸爸会写信给梁先生，请他在重庆帮忙询问催促；梁先生也一定全力以赴帮忙，使问题得以解决。抗日战争胜利前夕，国民政府下文撤销成立才两年的敦煌艺术研究所，神圣的事业刚刚开头就面临夭折。为了使保护、研究工作能继续进行下去，爸爸奋起力争，广泛呼吁，梁先生也为此声援尽力。梁先生学问深厚、为人正直，爸爸一直很崇敬他。

我在少年时期就多次听爸爸讲起梁先生，在美国时也曾听人说：纽约联合国总部大厦的设计过程集合了世界各国最优秀的建筑师的智慧，代表中国参加这项设计的就是梁思成。可是，尽管久闻大名，我还从来没有见过他本人，所以那天爸爸叫我"好好陪这两位老人"，我心里特别高兴。

1951年春季的一天，梁思成、林徽因夫妇如约来到了午门，我跟着爸爸一起去接他们。论年纪当时梁先生和林先生都不老，也就是四十多岁的样子，可他们是我的长辈，又博学多才声名远扬，二十岁的我也就把他们视为老人了。梁先生个子不高，远没有我想象的那么魁梧，见面给我的印象是个和蔼可亲的"小老头儿"。林徽因先生是著名的才女加美女，气质高雅，但已经病得非常瘦弱，爬台阶走两步就得歇一歇，我就更把她当老人小心扶持了。

初次见面，林先生很亲切地和我聊了聊。她说，你在敦煌住的那些年一定学了不少东西。她知道我刚从美国回来，又问我在那里怎样，我就简单讲了自己先到波士顿、后到纽约的经历。梁、林曾经在美国求学多年，话题从敦煌扯到美国，一下子彼此都感到很熟悉了。我们慢慢走着，一路走一路聊，梁先生也不时插话，谈得挺投缘。

梁先生和林先生一进展厅就惊呆了。那时研究所的临摹品都是原大的，敦煌石窟各个朝代的壁画画幅本来就很大，那么多摹本集中展示，气场更强，敦煌艺术的气息特别浓厚；对敦煌心仪已久但一直没有去过的两位先生面对这些酷肖实物的摹本，感到非常震撼。我注意到梁先生的嘴唇微微颤抖，林先生清秀苍白的脸上竟泛起了红晕，他们对敦煌艺术发自内心的痴情令我深深感动。

在展厅里，我紧跟着他们。两位先生逐一看了有关敦煌的介绍、照片和各类展品，在壁画摹本前停留良久。他们的参观不是走马看花，而是如饥似渴，看得非常仔细。后来两人分开各自看，中途梁先生几次走过来提醒林先生："徽因，你休息一会儿。"林先生患有严重的肺结核，多年没爬过那么高的台阶，走那么多的路，那天不停地参观了一上午，真不知克服了多少艰难！

展品很多，他们看了一圈就很累了，不能再继续下去，但直到离开时仍然很兴奋。终于亲眼见到了向往多年的敦煌壁画，尽管只是摹本，也使这两位从敦煌壁画中寻找中国建筑艺术真谛的学者激动不已。看完以后，他们对爸爸坚守敦煌的精神和做出的成绩表示非常肯定和崇敬。梁先生又问我："沙娜，你小时候也在那里临摹壁画？"我说是的。接着他又问了我一些问题。

　　和梁、林二位先生的第一次见面已经过去了七十多年，但那情景至今清晰如昨。

1951 年，常沙娜在林徽因先生指导下设计的景泰蓝卷草纹罐、盘等配套产品

徐悲鸿迟到的信

　　1950年底我从美国回到祖国。在美国的学业原定四年，但我两年就回国了，没拿到文凭，没有任何学历，下一步该怎么办？

　　爸爸当时的想法是，我应该到中央美术学院继续学绘画。我曾经在敦煌长时间临摹壁画，表现出一定的绘画天赋，又到波士顿的美术学校按科班程序学了素描、解剖、色彩等绘画基础课程，所以爸爸认为我应该在绘画的路上继续走下去；那时候董希文已经在中央美院了，比较熟悉情况，可以考虑再去那里插班学习。其实我到美国以前，爸爸已经准备送我去中央美术学院的前身、当时的北平国立艺专上学，时任北平艺专校长的徐悲鸿先生应爸爸的托付已经为我做好了入学安排，还特为此事给爸爸和我写了几封亲笔信，其中给我的一封信上写道："你愿意来到我们的学校，我感觉到非常骄傲。你可好好的完成你的临摹作，到九月随着你伟大的爸爸来北平补考入学。"信末的日期没有写明年份，现在推测这应是写在1948年叶丽华到敦煌履约之前。因

为后来决定让我随叶丽华去美国，原来的计划发生了变化。中央工艺美院染织系的老教师曹思明曾对我说，他还清楚地记得自己1948年进北平艺专上学时，教室里有个空画架是留给一个叫常沙娜的学生的，而那个学生一直没有来。我们差点就成了同班同学。

　　但是在我印象里，这件事爸爸从来就没有告诉过我，此计划我一点印象都没有。"文革"期间，他珍藏的上述那几封徐悲鸿先生的信被造反派从家里抄出，又被送到工艺美院造反派手里当作批判我的罪行旁证。直到"文革"过后，院办把已经破损的信很认真地裱好，交还到我手里，我才第一次吃惊地看到它们。

徐悲鸿先生致常沙娜的信

原来爸爸曾经有安排我到北平艺专学习的准备。我全然不记得我曾给徐先生信和画的事情，但徐先生的来信已成为一份珍贵的历史遗物，多年来一直珍藏在我的身边。

　　梁思成、林徽因先生来看展览后的一天，爸爸告诉我："沙娜，梁伯伯他们看敦煌展览很受感动，回去以后有很多想法，梁伯伯跟我说，想让你去他那里。"我不明白，我去他那里干什么呀？爸爸说，是去梁伯伯所在的清华大学，"梁伯母身体不好，梁伯伯希望你在她身边，向梁伯母学习，可能需要你在敦煌图案方面配合她做些工作"。我从来都是听话的，马上不假思索地回答："可以。"就这样同意了。

新中国成立后，梁思成、林徽因先生对新时代充满希望，对国家的发展有许多热情洋溢的构想。多才多艺的林先生多年来和梁先生一起，在中国古建筑研究方面颇有建树，而她早年在美国宾夕法尼亚大学美术系学美术，对装饰艺术领域也有深入研究。这时，她正着手北京传统工艺景泰蓝的新图案设计，希望为历史悠久的传统工艺注入新的活力，带动整个产业的复兴。在展览会上见到我以后，两位先生一定是认为我在敦煌艺术的熏陶滋养下长大，有敦煌图案的基本功，又在美国学习过，开阔了艺术视野，跟着林先生做这些工作很合适，所以他们很快就做出决定，破格推荐我到清华大学营建系作助教。

我在什么学历都没有的情况下，忽然得到清华大学这样一所中国最知名大学的聘任，感到非常意外，受宠若惊。直到现在我还认为：如果不是在那个百废待兴的特定的年代，不是因为德高望重的梁、林二位先生不拘一格的推荐，这是完全不可能的事。

如果我回国以后的路是照爸爸当初构想的模式走下去，我可能真的就到中央美术学院继续去学绘画，去做那个空画架的主人了。可是就在这个当口，一个新的机缘为我敞开了另一扇宽阔的大门。这个意外的机缘改变了我的一生。我没有再去中央美院上学，走绘画的路，而是从此转向工艺美术，转向艺术设计，并一辈子从事艺术设计教育。

传承敦煌

敦煌文物展览结束后，1951年的下半年，我就到清华大学，进了梁思成先生任系主任的营建系。1953年正逢全国性的院系大调整，我又被调到中央美术学院的实用美术系。后来，1956年的11月1日，中央工艺美术学院成立，从此她与我相生相伴，难舍难分。

回顾我这辈子做出的成果，图案教学也好，设计也好，和敦煌艺术的基本精神都是分不开的。爸爸对我的作品一直很关注，他一直在收集我的作品照片。在民族文化宫我设计的那个铁门的照片上他还特意注明"沙娜设计"，将其仔细保存下来。工艺美院盖好新的教学楼后我办展览，他马上就要去看，也表现出极大的关注。爸爸曾经亲笔写信对我说："沙娜，不要忘记你是'敦煌人'""也应该把敦煌的东西渗透一下的时候了"。我觉得自己多年来有意无意地都在作品中渗透着"敦煌的东西"，即我们民族的、传统的文脉和元素。有了它，我们创新也好，搞任何设计也好，才会是我们中国民族的艺术。我在上图案的时候把握的就是两方面：民族的传统和大自然的真善美。我尤其深刻地理解了20世纪50年代周恩来总理提出的，梁思成、林徽因等先生奉为宗旨不懈阐述的艺术创作原则——"民族的、科学的、大众的"，"古为今用，洋为中用"。这就是文化延续的文脉，一种民族性的、血液里的东西。

清华大学营建系是抗战胜利后在梁思成先生的努力下成立的，林先生也为这个系的建设付出了许多心血。林先生是个长期卧床的病人，总是倚着一个大枕头躺着，床上有个小桌一样的架子，可以写字画画，也可以放一杯水。梁先生的身体也非常不好，在我的印象里，他们两个不是这个躺在床上就是那个躺在床上，许多工作都是在床上完成的。我去清华的时候他们刚忙完国徽设计，梁先生又在考虑北京的城市规划和人民英雄纪念碑的设计。林先生正领着一些年轻教师酝酿改进北京的传统手工艺。

那时新中国刚刚成立，以美国为首的西方国家正对中国实行经济封锁。景泰蓝等传统工艺美术品原来的出路主要是外

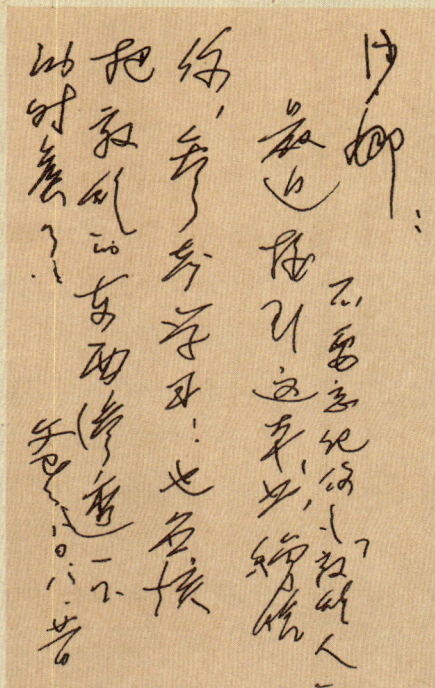

1980 年 8 月 21 日，常书鸿致常沙娜信

销，这时产品既不能出口国外，也没有国内销路，全行业困境重重，极度衰退。负责管理北京传统工艺的北京特种工艺公司的干部找到清华大学营建系，针对上述情况商讨改进传统图案和工艺品种、设计新图样的问题，营建系接受了这一委托。林先生过去曾经尝试过景泰蓝新图样的设计，现在这就变成营建系一项正式的有组织、有计划的工作了。

林先生想到，景泰蓝是北京的特种工艺，应该很好地发展，要利用传统的工艺技术，改进它们的功能、造型和装饰设计，将陈设品转化为日用品，和人民的日常生活结合起来。设计小件的器皿是适应大众购买力的一种办法；工艺品有了实用价值，购买者的兴趣就有可能提高。找到了这个思路，她就开始想方设法实现它。在她的指导下，我们尝试把景泰蓝产品设计为台灯、烟具、盘子之类日常用品，将传统的工艺、材料和形式应用于现代生活。除了景泰蓝之外，我们还尝试过烧瓷，把宋代磁州窑的图案、敦煌的图案等变化后用在这些工艺产品上。

林先生还几次离开病床，亲自带着我们乘车到濒临停产的景泰蓝、烧瓷、雕漆、地毯等工艺美术厂作实地调研，深入了解工厂的生产状况，还带我们实地学习生产的工艺程序：景泰蓝怎么掐丝，怎么点蓝，怎么打磨，怎么烧成；烧瓷则是在一个铜胎上面施了釉再画，再去烧……记得当时还让我动手试着画，我就在一个罐子上绘制了敦煌的飞天。后来我设计制作了一个类似图案的盘子，多年以后它进了中央工艺美院的资料室。前些年有一次

我陪谷嶙老师到钓鱼台国宾馆看他过去画的一幅画，在那儿偶然发现有一个敦煌风格的盘子，上面写着"常沙娜"，原来也是我在清华营建系的时候画的。林徽因先生非常欣赏敦煌图案，我又比较熟悉敦煌艺术的各种元素，一下子就画了出来，林先生看了很是喜欢。

过了没多久（1952年），亚洲太平洋区域和平会议在北京召开，这是新中国成立以后第一次在我国召开的国际会议，林先生组织我们为大会设计一批礼品。她出主意做了一批仿明清风格的背心，让我们在背心上装饰民族风格的刺绣和子花边。那些年在前门外，卖刺绣品、子花边之类手工艺品的非常多，各式各样，应有尽有，我们就利用这些东西来创作发挥，材料的选择和颜色的搭配都是林先生亲自推敲审定的。

林先生兴致勃勃，又带我们设计头巾。她口述她的设想，我和钱美华、孙君莲就照她说的做，把她的创意体现出来。我设计的真丝头巾采用敦煌隋代石窟藻井的形式，上面穿插和平

常沙娜与营建系同事在清华园内合影。
从左至右依次：钱美华、孙君莲、常沙娜

鸽图案，就是在林先生指导下搞出来的。记得当时林先生讲："你看看毕加索的和平鸽，可以把鸽子的形式用在藻井上。"她一说，我就有了灵感，马上就设计出来了。我还设计了一个景泰蓝盘子，熟褐色的底子，白色的鸽子，加上卷草纹，既是敦煌风格，又是现代的。我们的设计做出来后林先生都挺满意。亚太会议开幕后，那些礼品给各国代表带来了惊喜，反应非常好。我还记得苏联芭蕾舞蹈家乌兰诺娃赞美的话："这是新中国最漂亮的礼物！新的礼物！"设计成功了，林先生和我们都高兴得很。在林先生手把着手指导的实践中，我们得到了一次美学和图案创作方面的有效训练。

1951 年，常沙娜在林徽因先生指导下设计的景泰蓝和平鸽大盘

常沙娜在林徽因先生指导下以敦煌隋代藻井图案及
和平鸽图案为元素设计的头巾

人民大会堂及宴会厅装饰设计

　　1958年至1959年，为庆祝建国十周年，在周恩来总理亲自指挥和关怀下，首都北京集中了建筑和工程各方面的力量，组成了浩浩荡荡的建设大军，经过十个月的奋战，奇迹般地在古老的北京城耸立起新型的、具有各种特点的"十大建筑"。其中，天安门广场西侧的人民大会堂是整个工程的重点。它将成为国家政治活动的中心，既是亿万人民的代表商议国家大事的大会堂，又要体现具有中国民族风格的形式，以及新中国成立后在中国共产党领导下建设社会主义的新内容。当时，在新成立的中央工艺美术学院的领导雷圭元先生的领导下，我在人民大会堂工地参加了建筑装饰设计的全过程，多次聆听了周总理对设计方案的设想和指示，深受教益，记忆犹新。

　　周总理指出：大会堂是人民的大会堂，要避免出现欧洲中世纪贵族式的那种多柱体和包厢剧场形式。中国人民的会堂一定要具备我们民族自己的特色，要庄重但不要威严地"见物不见人"，要充分体现群众的观点和对人的关怀，要使主席台和群众

连成一片，成为一个整体。色调上"海天一色，浑然一体"，要体现"民族的、科学的、大众的"原则。

受到周总理的指示的启发，我们明确了"古为今用，洋为中用"的设计指导思想和建筑、装潢的设计意图。同时，与科学的结构、采光、音响密切配合，经过共同的努力，反复地推敲，最后完成了以红五星为主题的大会堂顶灯设计方案。

容纳万人的大会堂顶灯以红五星为中心，四周衬托放射形

人民大会堂宴会厅的天顶花灯

点亮人民大会堂宴会厅的顶灯

的向日葵花瓣，组成一组象征着"亿万群众心向着党"（红五星象征中国共产党，向日葵象征着群众）的顶灯图案。根据采光的需要还要把灯光分布均匀，即把散布在整个天顶的小灯，设计组成闪烁在天空的群星；这就更加突出了群星围绕着红星的气氛，象征海天波浪纹的顶灯槽则增强了"海天一色"的意境。这件群策群力的设计，把万人大会堂装饰得庄严而雄伟。

　　宴会厅是国家领导人举行国宴或者招待会的场所，形式上应该富丽堂皇，要着眼于体现中华民族的艺术传统，大方华丽而不奢侈，要避免故宫那种繁琐堆积的效果。鉴于以上的指导思想，在设计方案时，我们考虑到在装潢风格上吸取敦煌唐代图案纹样的特点，丰满而浑圆。在色彩处理上即运用中国古代建筑彩画的装饰形式，但在色调上不能局限于建筑彩画中深色退晕的效果，一定要适应于宴会厅明亮轻快的总色调——富丽而淡雅，即以乳白和金色为主色调，间用少量的淡粉、绿、浅土红色，柔和地点缀衬托洁白的浮雕式的石奇花饰。

宴会厅的跨度很大，形成相当空荡的面积的平顶，这就需要进行建筑处理，将平顶分割为中心区和边缘区；此外，利用石膏花半浮雕的效果，增加平顶上适当的起伏变化，把敦煌唐代的图案以放射形的石膏花形式和通气篦（口）、照明灯有机地组成一个较完整的平顶装饰，四周又利用联珠的小顶灯中心的石膏花装饰相呼应，有了闪闪发光的项链的装饰效果。这样既解决了采光照明与通风的需要，又增加了灯火辉煌的气氛，为宴会厅增添了光彩。

我被分配在人民大会堂的设计组，同时还在民族文化宫参与了大门的装饰设计。人民大会堂繁重的建筑装饰设计是由奚小彭负责主持的。

在人民大会堂设计组，我和工艺美院的崔毅、贵州来的马正荣是一直干到工程最后完成的成员。我们在奚小彭的直接领导下分头作重点设计——崔毅负责外立面廊柱的立柱和柱头、柱础装饰设计；我负责设计外墙的琉璃花板、须弥座的石雕花饰以及宴会厅的天顶装饰、彩画和门楣的装饰设计；马正荣负责做走廊护栏和通风上的铁花设计；奚小彭除全面指导外，还重点负责设计了万人大会堂的天顶灯及花饰。

宴会厅的天顶装饰由我负责设计，而整个设计过程就是一个非常实际的、完整的学习过程。受敦煌藻井图案的启示，我在大厅的天顶中央设计了一朵唐代风格的圆形浮雕大花。开始设计时，我只是在纯装饰性上下功夫，没有作任何功能的考虑。建筑设计院的工程师张镈看了马上告诉我："沙娜，这样只设计花瓣不行，你得把通风口及照明灯组合在里面；中心也不能只搞你那个花蕊，要把中心与灯光结合起来。这样照明还不够，还需要把另外那些小花和灯组合在一起。""通风还不够，在外圈也得设通风口。"我按照他的要求进行修改，把通风口、照明的要求与装饰效果结合起来。这些问题解决了，又发现外圈的灯口连接不上。张镈又教我："你把这些圆点引出来，连起来。"听他一点拨，我马上就开窍了，在外圈也设计了成串的一圈小圆灯，项链似的，一下子就把那些孤立的灯口很优美地连了起来。张镈很高兴："你看这样多好，解决了我们照明的需要，又形成一条项链，多漂亮啊，你把里面的内容也给呼应过来啦！"

我最后完成的设计方案把唐代的花饰图案与通风、照明的功能需求及不同材质的组合统一起来，它们都被潜在地组织在敦煌风格的富丽图案里，成为天顶装饰的各个组成部分。这个设计既有装饰美感，又具备建筑必需的实用功能，很完整，而且一看就是民族风格的。我在敦煌打下的基础充分发挥了作用。通过这一实践，我真正体会到艺术设计绝不是纸上谈兵，必须把艺术形式与材料、工艺、功能结合在一起才能成功。那时候，设计人员都来自不同单位，大家通力协作，互相帮助，完全没有隔阂。现在都说宴会厅的天顶装饰是常沙娜设计的，但我知道，这绝不是我一个人所能完成的，而是大家的心血结晶，是大家合作共同完成的。张镈在设计过程中的教导非常重要，我从中获得的那些知识使我受益终生。

人民大会堂北大厅

敦煌历代图案的整理研究

　　1951年到1953年，我和林徽因先生相处的时间非常多，我经常去她家。那时候大家并不顾忌肺病会不会传染。在我的印象中，她就是躺在那里，靠在一个大枕头上，滔滔不绝地说话，一激动脸上就泛起红晕，明显是累了。梁思成先生太了解自己的爱人，过一会儿就走过来看看，关切地说："你又激动了！休息休息。"林先生也只好无奈地靠在大枕头上休息一会儿。

　　两年时间里，林先生不断地给我们上课，传授古今中外文化艺术的知识，特别是讲解我国的历代图案，分析其时代演变和发展规律。她旁征博引，深入浅出，分析比较，为了清楚地说明问题，还拿出自家珍贵的藏书给我们看。我清楚地记得，有一天，她拿出一本德国出版的欧洲和中近东的图案集，给我们讲隋唐文化和中近东以及欧洲文化的相互交流与影响。抚摸着这本难得看到的精美画册，她感慨地说："我们也应该整理出一本中国自己的历代图案集！"林先生说，自己一直不甘心，中国有五千年的历史，历朝历代都有那么多好的图案，无论彩陶、青铜器、漆器、

壁画，都有非常丰富的装饰图案
遗产，为什么没有人把它整理起
来，出一本完整的书？她说："三
逊你来写，让沙娜她们画图案，
一块儿配合，搞一本我们中国的
历代图案集！"林先生甚至草拟
了一份《中国历代图案集》的提
纲，规划得既深远又具体。

　　1959年暑假，为了让从事
艺术教学和研究的教师们亲身
体验民族的"源"、生活的"流"，
工艺美院的院系领导倡导各专业
的年轻教师到民间和社会中去，
根据教学需要认真做调研工作。
染织系主任程尚仁先生安排我和
李绵璐、黄能馥三人去敦煌莫高
窟，利用假期，把莫高窟历代壁
画、彩塑人物服饰上的图案按年
代分类收集，临摹整理。

　　爸爸当时正任敦煌文物研究
所所长，对我们的这一工作非常
支持，并给予了指导。我与李、

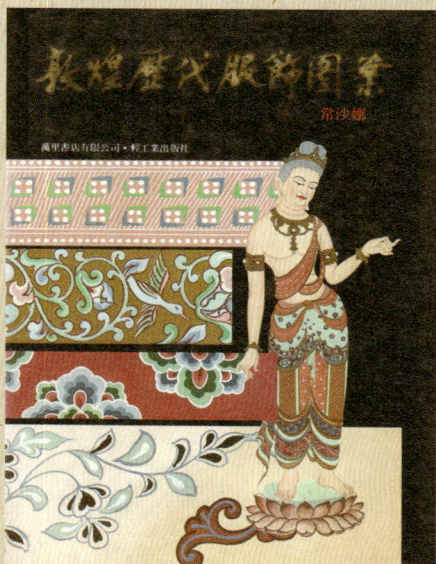

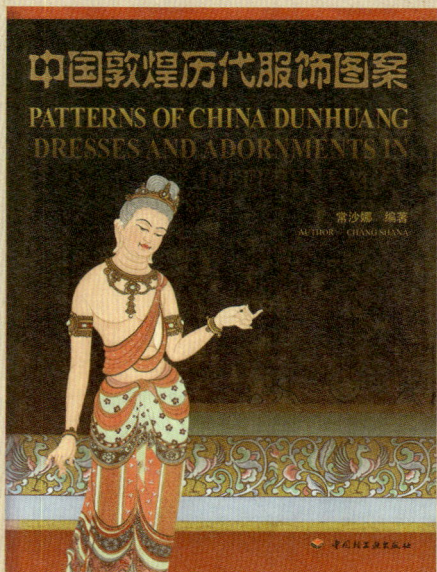

《敦煌历代服饰图案》书影
《中国敦煌历代服饰图案》书影

1959 年夏，常沙娜为完成"敦煌历代服饰图案"任务赴敦煌。
图为常沙娜与李绵璐、黄能馥在月牙泉

1959 年夏，常沙娜与李绵璐、黄能馥、小弟常嘉皋
及傅师傅在敦煌月牙泉鸣沙山

黄三个人在洞窟里对临，收集服饰图案，又按服装部位和年代进行分类，共整理出彩图三百二十八幅。我还怀着重回故里的喜悦带李绵璐、黄能馥去了月牙泉、阳关、戈壁滩，体会"西出阳关有故人"的乐趣。当时我们都很年轻，骑马，骑骆驼，光着脚爬鸣沙山，玩得非常尽兴开心。

这批敦煌历代服饰图案的整理资料回到学校后在染织系作了展出，很受程尚仁、柴扉等老先生的赞扬。但由于当时的社会情况，学校也没有条件编辑出版，这批珍贵的资料就先由我保存起来，没想到竟从此尘封了二十七年。

直到1986年10月，在全国改革开放的新形势下，才得机会将这批材料交由轻工业出版社和香港万里书店合作出版发行，定价港币二百二十元。

年逾八旬的爸爸也为此书迟到的出版而高兴，并亲自题写书名《敦煌历代服饰图案》，还引经据典，写了颇为生动的序文。其中，他谈到中国是最早开始养蚕织丝的国家，又写道："今天，当我执笔来写这篇序言的时候，不能不回想起个人在敦煌悲欢离合的四十年，同时也回忆起20年代我刚从浙江甲种工业学校染织课毕业，赴法国里昂勤工俭学，在国立里昂专科学校染织图案系攻读时的往事。当时老师告诉我们，是法国著名的机械师茄卡得（Ja-cquard）创造了提花织机，但是当我1943年到达敦煌，看到金碧辉煌的服饰织物图案时，恍然悟到这些织物图案是在6世纪左右的隋唐时代绘制的，比茄卡得早

一千多年，显然不是由茄卡得织机制造的。那么，谁是6世纪时中国的茄卡得呢？是我所尊重的中华民族古代的工艺大师们！"我也学着爸爸的思路写了一篇对敦煌历代装饰图案的简析，从中更加深了对敦煌染织图案的认识。

2001年，这本书由轻工业出版社再次出版，由我的研究生崔笑梅编辑，封面重新设计并有中英文对照，开本也加大了，版面和印刷效果都更加漂亮讲究。

岁月又过去十五年，父亲也已谢世。

2003年，我带着四位硕士研究生先后两次专程去敦煌，又编绘了一部题名为《中国敦煌历代装饰图案》的图案集。我要求自己和学生沿用传统的手绘方式一丝不苟地描绘每一幅纹样，并融入自己对敦煌图案的深入理解。几个研究生跟着我完成了整理、绘制、分析研究的全过程，理论和实践水平都有了大幅度的提高。

这本画册出版时，依旧用了我父亲于1958年写的文章《敦煌图案》作为代序一，又选用了林徽因先生写于20世纪50年代的文章《敦煌边饰初步研究》作为代序二，我为此在后面加写了一个《后记的后记》说明缘由："今天也适逢林徽因先生

林徽因《敦煌边饰初步研究》手稿

敦煌边饰初步研究稿

百年诞辰纪念，清华大学建筑学院特此出版了《建筑师林徽因》。书中除了纪念文章外，我惊喜地看到一篇在今年3月份由楼庆西教授在资料堆中偶然发现的林徽因在20世纪50年代未完成的手稿——《敦煌边饰初步研究》，这正是我即将出版问世的《中国敦煌历代装饰图案》涉及的重要论文，发现如此重要、及时，是天意、是缘份。"林徽因先生这篇没有写完的论文从来没有发表过，如果不是楼庆西教授在资料堆中意外发现，世人也许永远不会读到它。文章追溯到佛教艺术的源头，旁征博引地将中国敦煌图案和外国装饰的来龙去脉做了一番翔实的比较，与《中国敦煌历代装饰图案》的内容再贴切不过了。

忆念当年林先生在重病中对我们日复一日的教导，回顾她对梳理、发扬博大精深的中国图案艺术的热望和宏愿，这篇于特定的时刻从天而降的遗稿，仿佛传递着林先生来自天国的鼓励和期待。

联系索要文稿时，楼庆西先生问我："这个稿子没写完，怎么办？"我不假思索地说："没写完也要！"于是，他就打印出来交给了我，我没有对文章做任何改动，原原本本地将它作为画集的代序发表了。

画册出版面世的时候，我在心中默默祝祷，告慰逝去的前辈们：我正在完成他们生前的夙愿，我要让后代了解、重视中华民族五千年文化艺术的脉络及灿烂传统，承前启后，代代相传！

敦煌历代装饰图案的
继承创新

    中国敦煌石窟集中了自十六国至元代（公元366年至1386年）十个朝代延续一千多年的艺术瑰宝。它不仅是座辉煌的佛教艺术宝库，更是一座集壁画、彩塑、建筑、装饰为一体的，内容与形式极为丰富的中国传统文化艺术的博物馆。

    敦煌石窟艺术反映了历代接受并融合西域外来文化的影响和传承。它虽然以佛教内容为主题，但都生动地反映了各历史时期的社会风俗、山川地貌、建筑交通、文化生活等形象，展现了具有民族特色的时代风貌。

    装饰图案在敦煌石窟艺术中是不可缺少的重要组成部分，历代的装饰图案有机而协调地丰富了壁画和彩塑的内容与形式，通过装饰的手法把各时代的洞窟装点得更为精彩完美，再现了历代建筑、景观、植物花卉、织物服装等的装饰，工艺技术的发展和不同风格的形成及变化，从中也反映了通过丝绸之路，中西文化相互影响及融合的发展进程。

在不同时代的发展过程中，敦煌莫高窟壁画各类装饰图案都系统、清晰地证实了社会文化、宗教民俗、风土人情的发展和变化，都是在继往开来、承前启后的基础上不断进步的。外来的文化交流和影响也在本民族的优良传统基础上创新发展，并形成了自身的民族风格。民族文化艺术的传承和发展是相辅相成、不可分割的。

由于我的特殊经历，少年时代能有机会在敦煌石窟的海洋中观赏，在前辈们的影响下，受到敦煌艺术的浸染。

也是时代的机遇，在新中国的建设初期，我有幸参加了装点人民大会堂等建筑的装饰设计。半个多世纪以来，我愈发感悟到"源"与"流"不可分割的相互关系：对我来说，我的"源"就是流淌在我身上的敦煌艺术文脉；"流"就是时代生活所需的艺术设计的创新和发展。我切身体会到，唯有植根于传统文化的源泉，艺术的创新才具有永远不衰的潜力和创新发展的风格。

下面以敦煌历代部分的藻井（平棋、人字披）、华盖、背光、边饰等四类的装饰特征为例，结合现代建筑及其他装饰设计的需要（内容、形式、功能、材料等），扼要介绍一下我进行的装饰设计的例子：

一、藻井图案——平棋、人字披

敦煌早期（十六国至西魏）洞窟的藻井多在"中心塔柱"窟型的周边，饰以中国古代建筑内部屋顶上用"交木为井"的方井结构，排列成连续性的平顶装饰。这成为敦煌早期特有的藻井装饰。内容突出了中心平坦的莲花、莲心纹、水涡纹及上下反复的、连续的三瓣叶，还以火焰纹、飞天及侧莲作为角花的图案，色彩辅以与壁画相统一的土红、七黄、心青、石绿。西魏以后，随着窟型的变化，藻井都成为"覆斗"正方形，藻井的装饰形式和内容也随之丰富多样，出现了多种的三角形垂幔和璎珞边饰。

隋代的藻井装饰随着壁画和彩塑风格的变化，其装饰手法趋向细密，并以黑白线、点，增强了其细腻流畅的装

宝池莲花平棋
莫高窟第257窟　北魏

三兔莲花飞天藻井
莫高窟第407窟　隋

饰效果，纹样中除了莲花纹和小型佛像外还出现了具有波斯影响的联珠纹，配以精细的忍冬草纹饰，中心的莲花增加了花瓣和花心重叠的变化，还出现了特有的"三兔三耳"旋转有趣的图案；周边也增强了重释的垂幔、璎珞、风铃等极为丰富而具有隋代特色的装饰图案。

唐代的藻井突破了覆斗形结构的局限，其装饰手法成为高悬于窟顶的富丽堂皇的织物华盖，中心的莲花不再是平面的重叠花瓣图案，而是变化为翻卷层次多样的花瓣，加上花蕊的装饰，虚实疏密、相得益彰。生动多样的莲花、宝相花、如意纹等浑然一体，四周则以流畅生动的卷草纹、团花纹相呼应，加上绚丽多彩、多层次的垂幔、璎珞等边饰，整体的色彩以返晕的手法突出了唐代色彩浓重华贵的风格。

敦煌的唐代藻井风格，早在20世纪50年代就为人民大会堂的建筑装饰设计所采纳，起到了很重要的影响作用，成为民族风格创新的先例；同时，也形成了人民大会堂至今保持不变的特有风格。人民大会堂宴会厅的天花板和门楣装饰，其风格来源于敦煌唐代藻井装饰，以类似盛唐莫高窟第31窟藻井的莲花为元素，结合了建筑结构、灯光照明、通风等功能的需要，以石膏花浮雕的形式，组成人民大会堂特有的民族形式的装饰风格。2002年，重新装修后的人民大会堂南门过厅，八角方木叠套的结构藻井所具有的沥粉彩画及相配套的木雕花门饰、沥粉贴金柱子、通风口铁算子的装饰等设计风格，都保持了已形成的大会堂的敦煌装饰图案特有的风格。

敦煌的平棋、人字披图案也是早期石窟顶部的装饰形式，源于中国古建筑木结构常见的屋顶。平棋是用木板和支条组成的方形平顶，由此出现了方格状莲花纹的四方连续装饰，加上方格支条上点缀的图案。中唐时期的平棋成为佛龛顶上的装饰。2002年，人民大会堂接待厅重新装修后的平棋格式天顶，以敦煌平棋图案的风格进行了新的沥粉彩画设计，在纹样和色彩上既保持了大会堂统一的民族风格，在色调和格局上着重于简易明快的新意。木门的玻璃方格上也加了与平棋图案相呼应的木雕镂空图案，把接待厅装饰得更为富丽，同时显示了传统的木雕和沥粉贴金彩画工艺的精湛。

敦煌早期的人字披也是仿古建筑木结构的形式，间以椽子式的木条边缘作为图案间隔的长形装饰，题材以向上盘卷式的莲花纹、忍冬纹为主，间以飞天、供养菩萨或各种禽鸟，组合成生动多样的纹饰，形成敦煌早期独特的装饰手法，其色彩的运用也和壁画的色调相得益彰。以上实例都反映了敦煌艺术在不同时代中民族化的创新和发展的进程。"春、夏、秋、冬"四屏刺绣，曾用于国贸大厦餐厅及早期首都国际机场内的玻璃屏风；20世纪80、90年代首都国际机场贵宾休息室则采用了以敦煌动物和花、树组成的闪屏刺绣。

以上说明，敦煌各类装饰图案的风格和元素都能作为民族传统的文脉，运用并发展于现代生活所需的各类装饰设计。

二、华盖图案

敦煌壁画作为佛教艺术，必然要表现象征宗教权威和寓意的饰物，其中就有历代大量出现表示佛陀圣身的华盖（天盖）。从北魏到隋唐，直至五代、西夏、宋、元各时代都描绘了形式各异、具有不同特色的华盖装饰图案，始终都与整体的时代风格相一致。

早期的华盖装饰比较简洁，仅以伞盖的三角垂幔组成。

隋代的华盖装饰，开始出现火焰纹并缀有细小点线的纹饰和璎珞及小风铃，华盖中心突出了倒悬莲花的装饰，并用与壁画相一致的手法，擅以细密的黑白点和线为装饰。

唐代是华盖装饰最为丰富的时代，除了表现华盖必有的火焰和折叠多样的垂幔、璎珞以外，还以各种莲花纹、卷草纹、柿蒂纹、宝相团花加上网纹等纹样，配以多彩的唐代色调，形成生动活泼、浑然一体、不拘一格的装饰手法，适应了各类人物的圣身，形成了唐代特有的绚丽多彩、生机盎然的华盖装饰，同样也与整体壁画、彩塑的唐代风格相统一。

盛唐以后，各类华盖又趋于唐风的程式化，如中唐沿袭到五代、宋时期的华盖装饰趋于扁平而窄宽的格式，色调仍与整体壁画的主调相适应，以青绿冷色为主色调。

20世纪50年代，我在参加民族文化宫大门的铁花装饰设计时，按照"百花齐放、团结进步""古为今用、洋为中用"设计理念

的要求去创意。当时我就基于敦煌装饰图案的元素，参照了初唐莫高窟第220窟华盖装饰的气势，组成象征百花齐放的多样花朵的图案，以卷草护拥着百花作为团结、进步的主题；还适应大门的功能和金属、玻璃工艺的需要，完成了民族文化宫大门"团结、进步"的装饰设计。半个世纪过去了，至今民族文化宫仍屹立在西长安街上，依然是我门时代的象征，延续着我们民族文化的血脉。

西方净土变
莫高窟第 220 窟　初唐

三、背光图案

背光是为了表示佛、菩萨身放祥瑞的光环，佛教称之为"常光相"。背光又分为头光和身光两种："头光"以头后圆形表示光相，多以火焰、莲花、卷草或以射出的光条等多种形式为装饰；身光则是佛身发出的光相，常与头光相连，统一装饰。在此，我们仅以圆形头光为例，因为圆形的头光装饰更为完整，更能显示其装饰手法的完美。

敦煌早期的背光图案多以不同宽窄的色环或火焰纹组成，时有向上升腾的火焰纹，时有飞天穿插，表现得比较粗犷。

隋代的背光图案除延续了北魏的火焰纹外，加绘了细密点、线的三瓣叶、忍冬草及联珠纹。色调仍与壁画的整体相一致，除青、绿、土红外，配以曙红及黑、白、金色的细点及流利的线。

唐代的背光装饰从内容到形式都有了极大的变化和发展，呈现出团花、宝相花、卷草、石榴、葡萄等多种花卉组合的丰富多样的装饰形式，其内容和格式也随着佛、菩萨的尊位而异。

唐代背光的圆形装饰完美地体现了图案构成的法则规律，科学地掌握了圆心向外放射的构成形式，以十字、米字划为4、6、8、12偶数等分，在此框架上组成花形多样、疏密有致的构成。以正、侧面变化的莲花纹、卷草纹、葡萄纹、如

意纹等活泼多样的纹
饰加以组合。莫高
窟丰富的圆形背光图
案，完整有序地运用
了图案的法则规律，
保存了古代图案装饰
家的杰作，成为当今
装饰图案设计的学习
范例。针对现代装饰
图案设计如何在构
成、造型、色彩诸方
面继承和创新，给了
我们重要的启示。

五代、宋朝的背
光图案，从构成到纹
饰以及色彩都变得相
对单一，主要以如意
纹及三角纹的程式化
模式为主。

2006年，人民大会堂接待厅的东侧休息厅重新装修，我为
半圆形的休息厅天顶进行彩画纹饰设计，参照了敦煌唐代圆形
背光的装饰形式，结合了休息厅的建筑结构、照明、通风诸方

佛背光中的忍冬纹与火焰纹
莫高窟第 272 窟　北凉

面的需求，和大会堂有关部
门及施工单位共同研究设计
了保持大会堂特有的风格，
并以新型的半圆形彩画贴金
的装饰。图案的构成和色彩
处理参照了类似敦煌盛唐的
444窟背光图案的装饰效果，
配以灯饰、通风花饰等照明
的综合配件，呈现出民族与
现代融合的效果。

四、边饰图案

边饰图案是敦煌壁画中
用于分界壁画内容的带状连
续纹样，分布十分广泛，藻
井和服饰上也经常出现局部
的带状边饰纹样。各类的边
饰图案在历代都与壁画的整
体风格相统一。

早期的边饰图案多以
单元式的波浪状的正反方向
三瓣叶的变化反复组合为带

平棋图案
莫高窟第 251 窟窟顶　北魏

流苏图案
莫高窟第 285 窟窟顶　西魏

状。例如1958年建成的人民大会堂外立面柱廊上方的琉璃浮雕装饰的栏板，运用了敦煌早期边饰的三瓣叶卷草的形式，配以当年盛行的五角星、环形的齿轮和麦穗，再配以向日葵花，按照建筑结构用于门楣的浮雕装饰设计。人民大会堂大门两侧须弥座的花岗岩浮雕装饰图案也是以敦煌早期的卷草、忍冬草形式配以时代需要的盛开花卉来装点。同样，在当时新建的首都剧场过厅的石膏花八角藻井的天顶上，也都运用了敦煌早期卷草的纹样作装饰，这便形成了当时盛行的民族与时代结合的装饰风格。

隋代边饰图案的忍冬草也开始以细密的黑白线来表现，并以莲花、对巧、人物为内容，出现了联珠纹和方、圆形组成的二方连续纹样。细密的纹样生动自如，不见重复，也形成了隋代特有的风格。例如，20世纪90年代为天主教南北京堂设计彩色玻璃窗时，教堂方面提出彩色玻璃的装饰要以麦穗、葡萄为主题，我即采用了隋代细密的装饰手法，更为适合彩色玻璃镶嵌工艺的需要。

唐代的边饰图案也随着时代的特色，在承前启后的基础上发展了唐代特有的富丽堂皇的风格。唐代边饰卷草（后被称为唐草）团花，配以多种的花形组合，花瓣翻卷自如，含苞欲放，饱满茁壮，奔放流畅，没有重复的连续。色彩鲜明富丽，以退晕的层次更加突出了花卉与卷草的生命力，形成了唐代盛世特有的艺术风貌。

通过对敦煌莫高窟历代边饰图案的把握，可以生动形象地了解不同时代装饰图案风格的演变和发展，这对当今如何正确认识传承与创新的关系，也具有重要的现实意义。

以上是结合我半个世纪以来，通过对敦煌部分的装饰图案做的不尽全面的分析，对不同时期在艺术设计实践中运用敦煌图案的例子进行介绍，来说明"继承与创新"必要性的观点。我总记得爸爸在上个世纪多次提示我的话："不要忘记你是'敦煌人'，是应该把敦煌的东西渗透一下的时候了。"我也深刻体会到，我们的多民族文化——丰富精湛的敦煌艺术的继承与创新发展是相互关联、源远流长的文脉。只有不断地重视和学习民族的文化遗产，在继承的基础上才能随着时代的需要而发展，只有在继承的基础上融合外来的文化才能创新。只有承前才能启后，这是民族的文脉，也是发展的自然规律。因此，"只有民族的才是世界的"，同样的，"民族的、科学的、大众的"方针，才是我们的文化艺术发展的准则。

20世纪六七十年代是我们国家多事之秋，我个人的生活也坎坷起伏。

1964年，"四清"运动开始。我跟随中央工艺美术学院全体师生来到河北邢台，与染织系老师李锦璐、徐天许及学生汪雅梅、杨庆英编为一组，安排到商甘寨村，深入农家，和老乡同吃、同住、同劳动。在这个过程中，我真心体会到农民的善良、淳朴，也了解了他们清苦的生活。我和他们融在一起，个

人的思想认识也有了改变。也是在这一年，我申请加入中国共产党，成为一名预备党员。没有想到，不久"文化大革命"爆发，我的正式入党变得遥遥无期。直到"文革"结束，我才正式成为一名党员，党龄从1964年算起。

"文革"前期，社会混乱，同许多领导、老师一样，我受到了冲击，那段岁月，对我个人，对国家而言，都不堪回首。1972年，我被调回北京，到故宫武英殿，参加为"中国出土文物展"临摹、复制所需的壁画、织物、青铜器、漆器等相关文物的装饰图案工作。我与周令钊先生前往西安户县草堂寺，临摹存放在那里的乾陵永泰公主墓壁画。这对我是难得的锻炼和机会。之后，我们又增调陈若菊、崔栋良、朱军山、侯德昌，临摹、

常沙娜与一道"三同"的女干部和女生合影。
右一汪雅梅、右二常沙娜、右三杨庆英

"三同"中，常沙娜与同学和老乡们合影。
一排左二刘香果，左三常沙娜，右一杨庆英，后排右二汪雅梅

复制了一大批不同时代的各类文物，包括长沙马王堆棺椁漆画等。这是"文革"后首次举办的出国文物展览，能为国出力，我们都非常激动和荣幸。

此后，中央工艺美术学院恢复了已停滞十年的各项教学工作，我担任77级班主任，并承担基础图案及染织等设计课程的教学工作。一切逐渐回到了正轨，真是兴奋又感慨。

1977年，我被国务院任命为中央工艺美术学院院长。此时，我心底的愿望还是不能脱离专业，不能在艺术上退步，始终坚持给学生们上课。改革开放后，学院走出国门，国际间的学术交流活动日益频繁。我参加了系列出访活动，繁忙又充实。其中，诸如1985年10月，应日本东京艺术大学的邀请，代

常沙娜带领 77 级全班到外地实习时合影

表中央工艺美术学院组团赴日本参加东京艺术大学建校100周年的大型纪念活动；1988年，随中国美术家协会陪同王朝闻先生、雷正民前往法国巴黎参加"秋季沙龙"开幕仪式；1991年，应东京艺术大学校长平山郁夫先生的邀请，赴日本参加东京艺术大学美术学部在广岛举办的三校（中国的中央工艺美术学院、中央美术学院和日本的东京艺术大学）师生作品联展，都是很重要且有意义的。

敦煌花开

上世纪末，1998年2月25日至3月6日的法国之行，是我以中央工艺美术学院院长身份参加的最后一次出访活动。应法国国际艺术城主席布鲁诺（Brunau）和法国国立高等装饰艺术学院（ENSAD）院长比提西（Pedduzzi）的邀请，学院在国际艺术城举办"中国中央工艺美术学院师生作品展"。虽然我已于1月9日正式宣布卸任院长的职务，但是对方仍希望我按原计划带队前去。

展览开幕前，我前往巴黎，乘火车来到我的出生地里昂作了一次短暂的寻根之旅。

我父母的母校——里昂美术专科学校，这座历史悠久、现代依然著名的美术学院至今仍在当年的旧址，位于山上普通的建筑群中，校舍简朴而具有浑厚的历史感。这就是爸爸常书鸿和王临乙、吕斯百、李有行等前辈们曾经留学的地方！回想当年，他们都是二十多岁意气风发的青年，就是在这所法国学校开始了他们的艺术生涯。在里昂的美术馆里，我还看到爸爸画于1933年的两幅获奖作品——油画《女人体》和《病妇》，这两幅极为珍贵的遗作已被里昂美术馆收藏多年，爸爸把它们留给了哺育他成长的艺术故乡。

沿着父母的足迹，我非常激动地看到了以Saone和Rhone命名的两条河流，阴性的Saone正是我的名字"沙娜"的来源。这两条河孕育了里昂城，也孕育了我，静静流淌的河水曾经喂养我生长，注满我家庭的欢乐，也承载过父辈们的友情和理想。斗转星移，山河依旧，一代人大都已故去，半个多世纪的岁月已成历史……现在我又来到这里，来去匆匆，像拜望乳母一样亲切地看看她，再带着沉甸甸的万千思绪，转身离去。

2008年，我被诊断患了乳腺癌。生龙活虎几十年，忽然看见了死神的影子，我毫不犹豫地进了手术室，把自己交给了医生。我相信现代治疗乳腺癌的技术。手术很成功，接下去又是放疗、化疗……照顾我的除了家人亲属，更有许多我教过的学生、学院的同事，连患病多年从不出门的老学生赵茂生也来看望。我在病中享受着来自四面八方浓浓的关爱，心情好，身体也康复得快。

严寒的冬天过去，温暖的春天来了；原来的头发脱落了，又生出新的一头白发，比原来的更浓密。我历来生命力顽强，一年之后已经和之前一样，又开始忙这忙那了。

这就是人生，生和死也许只有一步之遥，勇敢地跨过去，说不定还会活得更精彩。我从这场病看到了生命的坚韧，更感

到了时间的紧迫，我已经是名副其实的"老骥"了，必须更加珍惜宝贵的时间，努力奋蹄！

我有一个习惯，不论在国内国外，南方北方，闲暇散步的时候，目光都会不由自主地投向路边草丛，寻找"幸运草"。那种被称作酢浆草、苜蓿草或车轴草的野草一般有三个心形叶片，偶尔发现有四片叶的，就是人称的"幸运草"了。据植物学的说法，这种植物变化的几率是十万分之一，可是我遇到的几率比这要高许多，有时在不经意间就会有收获。

应该说，我确实是幸运的。我有一个被称为"敦煌守护神"的父亲，父亲又把我带到了佛教艺术的圣地敦煌。我得天独厚地在千年石窟艺术精神的哺育下长大，又得以在中央工艺美院的校园内与数十年的老同事、老朋友共同历练、驰骋于更广阔的天地间。在我九十年的生活中，有苦有乐，有荣有辱，有与亲人的悲欢离合，有为理想的奋斗献身。然而，在快要走到人生

常沙娜在常书鸿墓前

边上的时候，还有那么多该做的事、想画的画在等着我。如果今天让我在吹熄蜡烛之前许一个愿，我的愿望就是：希望继续采到"幸运草"，让我好好为祖国、为党、为人民做完自己应该做的事，没有遗憾地走完今生幸运的路。

> 小草，哪有永远不死之理？
> 不知是哪年哪月，
> 地下的老根已死了，
> 可在死去的老根旁，
> 长出了新根，
> 长出了新芽，
> 草地仍是一片绿色……

这是一位长者的诗。

老根之旁，会有新芽，新芽之后，终见花开……

2004 年 7 月，常沙娜摘自戒台寺万佛园的"幸运草"

2004 年 8 月，常沙娜摘自莫高窟的"幸运草"

2009 年，病后的常沙娜长出了短发，在家中乐观地生活

迟爱 · 遗恨

—— 读母亲陈芝秀晚年给我的六封信

常沙娜　口述

　　七十多年前，我母亲陈芝秀背离了痴心于保护敦煌石窟艺术的夫君——我的父亲常书鸿，也忍心背弃了我和弟弟嘉陵，不仅造成我们难以弥合的家庭悲剧，也造成了她自己无法追悔的人生惨剧。我十四岁即失去母爱，如今年届九十，近期翻阅母亲晚年从杭州寄给我的六封信，依然感慨不已，总想为此写点什么，又很难下笔，因此请柴剑虹编审在阅读这几封信的基础上，记述我的一些感言。

　　母亲背弃我和弟弟后，我们跟着父亲一道责骂她几十年；而她自己也受到生活的惩罚，几经折磨，后来嫁给杭州一位家境困难的工人，竟至穷困潦倒，苦不堪言。她当然也一直未主动与我们联系。上世纪70年代末，我从杭州的亲友处知道了她的一些情况，骨肉连筋，情系于心，随即根据亲戚提供的地址给她汇去了十元钱。她很快给我写信，开头几句话即是："我接到汇条的时候，感动得落下老泪。儿呀，我没有别的可报答你，只有祝告主上帝保佑你身体健康，万事顺利。沙娜，我对你是有惭愧的心。目前的老苦就是自作自受，过去着了魔鬼才会造成意志薄弱，一脚走错成了千古恨，这可说也是上帝堕罚我的，可悲可泪。"信最后写道："沙娜，听北京来杭的人说，你工作很忙。在百忙之中望你保重自己为要。"落款是"苦人母字"，表露了她悔恨和悲凉的心态。当时，和我父亲曾一起在法国留学的雷奎元先生及夫人戴克主得知我母亲窘境，也给她汇去了十元钱，她在给我的信中除了表达感激之情，还诉说道："那两位戴同志和奎元同志在哪里认识的，我始终记不起来了，真感惭愧。年纪老了，记忆力很差，并且受过几次刺心的刺激，头脑失去强忘力，奈何！儿呀，我只好祷告上帝，保佑你一身康健，这第一件我所希望的。"多年的磨难对她的摧残使她丧失了许多记忆，但祈求上帝保佑自己女儿的健康，却是此时她心中的"第一希望"。于是 母亲晚年的悔恨、悲哀和迟到的关爱交织在一起，也逐渐化解了我郁结的怨恨之心。就在这一年多的时间里，我陆续给她汇去了一些零用钱，她也连续写信给我，诉说自己的心境。

从母亲的信中可知，作为一名基督徒，她到晚年仍在祈祷上帝，但也提问："上帝造人为什么不公平？有钱的这样有钱，苦的仍是苦得透不过气来！"她自觉"我身体肯定是在世不长久了"，"还是早死早脱了苦"。从1979年下半年起，她的健康状况更加恶化，腰疼难忍，常发高烧，随12月5日信附来的医院检验报告单上显示白细胞数达16500，医生诊断为肺炎，需住院治疗却没有钱。更重要的是如她信中所述："我的内心总是不能得到愉快和安慰，这些痛苦都是自己找来的，也不能怨恨任何人。"她在信中特别提出："沙娜，你有否照相？可否寄一张我看看，因为我时刻想看看你。"我即请在杭州的亲友转送去了自己的照片。这虽然是迟到的母爱，也是十分真挚和珍贵的。

母亲于1980年5月20日给我写了她最后一封信，信中说："我整天感到头昏耳鸣，手足软绵，沙娜呀，我自己总希望早些断气，在这样的日子里有何快乐呵！它偏偏弄得我不死不活吊着一条苦命死不掉。沙娜，请你谅解，我老是说着这些悲观话，给你不高兴。原谅吧，请你保重自己，再会吧！祝你们合家平安愉快！"落款为"可怜人秀"。这样的身体状况和只求早日解脱的心态也使我十分担心，我很想到杭州去看望她，可当时工艺美院在"文革"后的各项工作刚走上正轨，教学任务繁重难以离开，此外也有几十年后该如何面对的矛盾心理；想让弟弟嘉陵去看吧，他"不愿认娘"的脾气很倔，也不能勉强。恰好当年7月初，我父母法国时期的老朋友、在南京大学教法语的马光璇教授（1914—1996）到北京来接从国外回来的侄女，住在我家；她是我干爹吕斯百爸爸（1905—1973）的夫人，是我的干妈，当然也是我母亲在法国时的好朋友。她听说了我母亲的境况，当即

于7月5日给陈芝秀寄去了一封信，一开头就是："你收到我的信
会奇怪吗？不，不奇怪，不应该奇怪！要给你讲的话长了！以
后再慢慢谈吧！"信中写道："（我）在7月底左右要来杭州玩，
到时候我一定来看望你。我是非常
想念你的，看见你不知会多么的高
兴！"信中还表示："你以后高兴可以
到南京来住住玩玩，我是非常欢迎你
的。"落款是"你的老雅娜（马光璇）
Jeanne"。可以想见，我母亲收到这封
信后的心情是很复杂的，我想应该是
既高兴又愧疚，既盼着早日相见又不
知该说些什么。遗憾的是，就在干妈
到杭州的前夕，1980年7月20日下午4
时50分，我母亲因突发心肌梗塞而去
世。也许这与她那些天的激动心情有
关吧！她临终前没有能够与老朋友见
面畅叙离情，也没有能再见到我这个她晚年日夜思念的亲生女
儿，留下不尽的遗恨！

　　我母亲上世纪30年代在巴黎时，已经是一位颇有创作才能
的青年雕塑家；她40年代初在敦煌莫高窟，也曾经用雕塑作品
来配合、扶助我父亲保护、弘扬敦煌石窟艺术的工作。她本可
以成为一位卓有成就的雕塑家。然而，多种因素促使她失足背

陈芝秀

弃了家庭，背离了事业，遗恨终生！我前些年曾经在访法时寻找她留在那里的两件雕塑作品，可惜只见到照片；我也曾经请敦煌研究院的同人寻找院里是否还有她的作品，遗憾的是并无寻获。之前，唯有留着早年我们一家影像的照片、绘画能寄托我和父亲、弟弟的忆念；现在，她晚年写给我的这六封信，成为交织着迟来的母爱与深深遗恨的物证。

（柴剑虹记录、整理于2021年6月初）

陈芝秀与女儿常沙娜

关于民国留法女雕塑家
陈芝秀的几件史料

李晗

陈芝秀（1910—1980），浙江诸暨人，民国时期女雕塑家；著名装饰图案艺术家、设计教育家常沙娜先生的母亲。她于1928年至1937年跟随常书鸿留学法国里昂和巴黎，系"中国留法艺术家学会"会员。初到法国时为里昂国立美术专门学校织物图案科第二年级学生，或受到好友王临乙、刘开渠、滑田友等同期"留法艺学会"会员影响，后考进巴黎高等美术学校学习雕塑专业，其间结识王合內（法文名字Renee Nikel）。1937年归国时遇抗日战争爆发，先到达上海、杭州，后又随国立北平艺专內迁辗转江西庐山、湖南沅陵、贵阳等地。因从法携带回国全家艺术作品等资料毁于1939年2月4日贵阳"空难"，今天可见的关于陈芝秀的作品，在较长一段时间內仅有两幅作品的图像《我的女孩》和《雕塑家吕斯百雕像》。

笔者因研究需要，在对陈芝秀留法期间的"中国留法艺术学会"艺术组织整体考察过程中，以民国时期重要期刊《艺风》为依据，同时结合纸本文献、数据库等陆陆续续又发现一系列零散的、与陈芝秀直接相关的几则史料，为便于梳理和理解，将目前发现的这些新材料，分为以下几类：一、图像类：有四幅雕塑作品图像、四张团体照片、一张与"留法艺学会"会员同批刊登的个人照片、一小幅《常书鸿君与夫人在园中采菩花》（常书鸿一家人和陈士文）图像。二、文字类：包括《为里昂中法大学官费生徐陟缺额以留法女生陈芝秀递补请核议案》《里昂中法大学官费生派遣办法》和《陈芝秀资格》等陈芝秀留法录取信息。另有，以"芝秀"为名发表于《艺风》期刊的文章《我们需要一个调和的艺术空气》。三、展览信息：在20世纪50年代初的敦煌文物展览上展出的四则敦煌塑像模型。四、新闻报道类：陈芝秀携时年六岁的常沙娜1937年7月归国后的报纸新闻《留法雕塑家陈芝秀女士昨返国抵沪》和《留法名雕塑家陈芝秀女士返国》两则报道。五、一则待确认的文字：长篇连载小说（含三篇）发表于1927年刊《野火（杭州）》，笔者推测可能为陈芝秀所作，作者也或为常书鸿。

一、图像类

　　这部分的六幅图像作品均以《艺风》期刊为依据，《艺风》（1933.1—1937.3）月刊目前可见留存是从1933年1月至1936

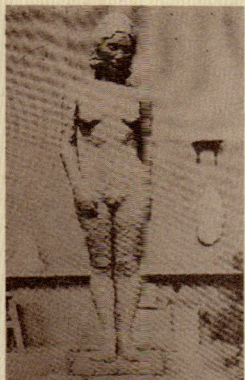

年12月，共四卷四十五期。经查阅整理，与"留法艺学会"直接相关的重要档案有三处：《艺风》一卷八期（1933.8.31），二卷八期（1934.8.1），四卷七、八、九期合刊（1936.11.30），陈芝秀的四幅留法时期雕塑作品刊登于二卷八期，分别是《我的女孩》《雕塑家吕斯百雕像》《塑造习作》《女体塑造》等头像、全身像类型雕塑，包括一个人照片。又见一幅名为《常书鸿君与夫人在园中采菩花》图象，照片中有常书鸿、陈芝秀、常沙娜、陈士文，常沙娜时年三岁。

见于《艺风》月刊上的几则陈芝秀相关史料，四幅作品尤为重要

（圖版）

附　里昂中法大學官費生派遣辦法

附　陳芝秀資格

省立第十中學校長王彥庭因病辭職應予照准查有張鏞堪以代理請核議案

為里昂中法大學官費生曾勉餘額以在法自費生陳士文遞補新核議案

為里昂中法大學官費生徐陟餘額以留法女生陳芝秀遞補核議案

二、文字类

1、《为里昂中法大学官费生徐陟缺额以留法女生陈芝秀递补请核议案》原文内容如下：

为里昂中法大学官费生徐陟缺额以留法女生陈芝秀递补请核议案（省政府委员会第三八〇次会议）

提案者委员兼教育厅厅长兵道藩

案查里昂中法大学官费生徐陟业经回国，尚未派人递补。兹准里昂中法大学校长孙佩苍函略开："以女生陈芝秀学业优良，境遇困苦，遂决议以该生递补缺额。"等语；查核规定手续及该生资格，尚属相符，拟于递补。为次叙案提请公决！

附抄送"里昂中法大学官费生派遣办法及该生资格"（议决）通过

浙江教育行政周刊 第二卷第二十八期 议案（栏目）

同时，在本文写作过程中，关注陈芝秀留法录取信息时，我惊喜发现了同样作为"留法艺学会"重要会员的陈士文留法录取信息。为便于联系和理解，笔者将陈士文留法录取信息附此，内容从略。

陈士文（1907—1984），浙江仙居人，于1928年至1937年（温肇桐说陈回国时间为1938年秋）留法，据资料，先后在里昂美术专科学校、巴黎美专两地学习绘画和美术理论。《艺风》民国二十五年（1936）四卷七、八、九期合刊为"现代艺术专号""中国留法艺术学会辑"，封面设计者即为陈士文（如图）。温肇桐在《新从巴黎回来的陈士文》一文中这样谈到陈士文：陈士文在国内新艺术园地里，是一个陌生的名字，第一次给国人注目是因《艺风》月刊"现代艺术专号"一期的出版，因由陈士文先生主编并以超现实的手法设计封面，同时写相关介绍现代画派的文字。此篇文献是除了陈士文本人发表的文章外较为直接可见的一篇，是了解陈士文的重要文献之一。

在1931年的《浙江教育行政周刊》中，同期有里昂中法大学录取的陈芝秀、陈士文二人，在资料中还见有吴岩霖、夏晋熊等同期留法中国青年。

2、《里昂中法大学官费生派遣办法》和《陈芝秀资格》原文内容如下：

附：里昂中法大学官费生派遣办法
（浙江省政府委员会通过）

（1）原额十名，内六名由国内派遣，但须由里昂中法大学驻沪办事处认可，函送国立浙江大学审查，提请浙江省政府委员会通过。余四名以留法自费生递补，但须由里昂中法大学认可，函送国立浙江大学审查，提请浙江省政府委员会通过。

（2）照广东例：每生每年付学膳费五千五百二十法郎，学生零用费一千八百法郎，合计七千三百二十法郎。依大学院所定俭学生出国手续，于学年开始时将此项官费生十名全年费用七万三千二百法郎一次交由里昂中法大学驻沪办事处转汇法国（十九年九月经本厅提请省府会议议决每名增加学膳费四十法郎在案）。

（3）每生往返川资各给国币四百元，其由留法自费生递补者，只给回国川资，现定有国内派遣者六名应先给出国川资，共国币银二千四百元。

附：陈芝秀资格
里昂国立美术专门学校织物图案科第二年级学生

3、《我们需要一个调和的艺术空气》一文，"芝秀"署名发表于《艺风》期刊1934年2卷8期（见图），内容如下：

我们需要一个调和的艺术空气

芝秀

个性比较强一点的从事于艺术的人，自己背负着创造的使命，孤独的一个人在那里努力追求人生的意态，时代给予我们的印象，就是要先集合了一个团体，定了宗旨，有了名目，然后三三四四去分工合作的事情，似乎是不可能的。

尤其是在中国，所谓砂粒一般坚强的中国个人主义的性格，只是漂浮在风海的浪潮中，从来也不会实现过"聚沙成塔"的那一回故事。总是猜忌和仇恨，大家都在个人立场上找自己追求的对象：结果是中国二三十年来的新艺术运动，养活了几个首领，造成了无数的徒生。时而提倡国画，时而提倡洋画，时而提倡中东合璧或中西合璧的画派。

像这样二三十年来过去的道路，我们的前导所余留下来的痕迹，使我们不敢再偏循了个己的私意，向那阻塞了的前方孤独的唱自己的歌，描自己的像。我们知道要闲游于荒山穷溪之间，必须先除荆棘先去淤塞。我们是需要一个为我们咏唱描绘的公园，我们需要一个调和的空气。

然而荆棘已蔓延中原，淤塞的溪流早已涸干，在中国那个大混乱的几乎为呕吐了的残羹冷汤香烟洋菜那一类恶化了的臭东西充塞了的自然中，求调和的空气是如何的艰难！我们于是乎见到一个人能力的薄弱，希望我们的同路人来共同建设我们未来的事业。

展览信息：20世纪50年代初在故宫午门敦煌文物展览上展出陈芝秀摹造的4具敦煌壁像模型信息。

敦煌文物展览（简称"京展"），是新中国刚刚成立后国家为配合抗美援朝进行爱国主义教育运动而在北京举办的大型敦煌文物系列展览，现存关于此次展览情况的重要原始材料即1951年4月由敦煌文物研究所编的《敦煌文物展览目录》，在此目录中惊喜发现了与陈芝秀相关的内容信息，辑录如下[此部分壁像模型作品待再研究。]：

《敦煌文物展览》中陈芝秀、常沙娜第二陈列室作品数量辑录

总号	类型	名称	年代	来源	摹造人	数量
一陈列室	壁像模型	菩萨塑像	元	九五窟	陈芝秀	4
		天王	唐	三一九窟	陈芝秀	
		侍立菩萨	隋	四二七窟	陈芝秀	
		罗汉	唐	三二八窟	陈芝秀	
二陈列室	模型	二八五西魏窟模型	西魏	二百五窟	常沙娜	2
		二三六宋窟模型	宋	二三六窟	常沙娜	

展览展品分三大陈列室陈列，一陈列室为序厅及敦煌文物参考资料；二陈列室包括莫高窟地理环境与历史背景、莫高窟历代之代表作壁画摹本两个版块。

四、新闻报道：

陈芝秀携时年6岁的常沙娜在1937年7月归国后的报纸新闻可见《留法雕塑家陈芝秀女士昨返国抵沪》和《留法名雕塑家陈芝秀女士返国》两则报道。

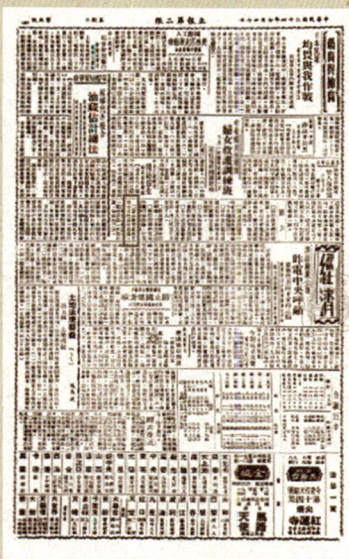

1、《留法名雕塑家陈芝秀女士返国》见于上海《新闻报》1937年7月27日0012版（如图6），内容如下：

> **留法名雕塑家陈芝秀女士返国**
>
> 留法雕塑家陈芝秀女士，于十八年由浙江教育厅选派赴法，首在法国国立里昂美术学校毕业后，又考入巴黎国立高等美术学校雕塑科，为东方女子正式考入该校之第一人。从名雕刻师雪卡及台加笃等学习，为彼邦师友所赞许，曾先后出品里昂及巴黎沙龙获得不少好评。前年曾以《女孩铜像》得法国教育部美术司长于依司门氏之称许，今岁应驻英中国大使郭泰祺之请，为总理造铜像，该像为孔特使去英时所见，深为赞许，特另出巨资以为嘉奖，并指定该像永存伦敦驻英使馆总理蒙难纪念室，兹闻陈女士因受国立北平艺专之聘，于上月乘琴拉宾起程法国，昨日已安抵上海，亲友闻讯均到埠欢迎。

　　本则新闻开篇记录了陈芝秀赴法时间、在法留学学校和专业，具有更为重要资料意义的是，记录陈芝秀在1935年时应当时驻英中国大使郭泰祺邀请，为驻英使馆总理蒙难纪念室制作雕像，得到嘉奖且被指定该铜像作品录存蒙难纪念室；此外，所报道的回国后工作单位和回国时搭乘船号名称，都可作为相关资料的重要补充。

　　郭泰祺（1888—1952），出生于湖北广济，字保元，号复初。中华民国驻英国大使，任期在1935年5月23日至1941年5月9日，个人档案典藏于中国第二历史档案馆保管处特藏组。1935年，国民政府为促进中英两国文化交流组织了中国艺术英伦国际展览会（简称"伦敦中国艺展"）。初由英国皇家艺术学会的爱好中国艺术学者发起，后分别在南京和伦敦两地同时筹办，时任驻英大使的郭泰祺与英方签订协议。1934年10月，由故宫博物院及教育部相关人员征选、鉴定展品，编写瓷器、铜器、书画展品说明，英方也派来了瓷器、铜器、玉器专家。此次展览会是民国以来政府第一次参加国际展览会，展品以故宫藏品为主，还有古物陈列所、河南博物馆、安徽博物馆、中央研究院等机构提供展品，也有个人私藏，总计1022件。1935年4月先在上海中国银行仓库公开展览五星期，并拟归国后再公展一次。天津《大公报》1935年4月至12月在《艺术周刊》印出艺展专号。1935年6月6日，古物由教育部筹委会经汽车运上英国军舰萨福克，舰长指定专员，慎重保管。航行四十八天三万余里，7月25日抵英格兰。因此次展览为首次中国以故宫所藏国宝在英展出，故大约十五个国家和地区也纷纷提供其所藏中国古物、艺术品。展览会1935年11月27日举行预展，11月28日开幕，至1936年3月7日止，地点即在皇家艺术学院。展览期间参观者众，热闹非凡，并有一系列介绍中国和中国艺术的书籍图册，院校、学会、书店、广播公司等还举办多场讲座和谈话节目。资料显示，郭泰祺也担任过讲座主持；还贩运来了中国瓷器、丝绸、茶叶热销。此次展览带来"中国热"，影响深远。皇艺年度报告中评价此次展览"在加深西方对东方艺术与文化的了解方面迈出了一大步"。同时，对当时全伦敦的服装、陶瓷、音乐、主题晚会，包括甚至有英国公众试图研究英国现代绘画运动与中国绘画之间的关系。展览结束后，展品先后又在南京（1936）、青岛（1937）展览，这次故宫古物第一次出国展览工作，到抗战前夕才完全告一段落。据资料，郭泰祺在这次伦敦中国艺展中，从筹备开始签订协议到在英展出期间主持活动，还参加后续英方在展览结束后为"实足使上次展览会之纪念垂诸久远"而辉映举办的英机构藏中国工艺美术藏品展览；同年4月3日，曼彻斯特博物馆举办了馆藏中国艺术展览会以作为伦敦艺展的回响，郭泰祺、郑天锡应邀参会并致词。17日伦敦维多利亚博物馆也举办中国瓷、玉、铜器等多门类展览，郭泰祺也应邀出席开幕式。综上所知，郭泰祺作为"伦敦中国艺展"重要参与者之一，结合《留法名雕塑家陈芝秀女士返国》报道，郭邀请陈芝秀为驻英使馆创作作品的时间在"伦敦中国艺展"之后，对展览的意义及影响和对郭参与展览工作的大致考察，可以作为理解1937年陈芝秀"应驻英中国大使郭泰祺之请，为总理造铜像"的背景之一，相关的人物与社会环境、艺术作品之间的交流与互动待再研究。

2、《留法雕塑家陈芝秀女士昨返国抵沪》（原报纸见图4），见于民国二十六年7月27日（05版）的《立报》，标题为：《留法雕塑家陈芝秀女士昨返国抵沪》。是一则简讯，内容即标题。

五、一则待确认的文字

有一份包含三篇题为《颠沛》的连载小说，均以"陈芝秀"为署名，分别发表在报纸《野火（杭州）》1927年的第六十四期、六十五期、六十六期。因小说内容与"艺术"主题未直接相关，故在此不录原作全文。《颛沛》小说，这三期刊出六小节（前面还有三小节，笔者尚未检索到），已基本可见全貌，讲述了一祖母与一孩童逃难的故事。当时社会环境因"恶势力高压"黑暗动荡，祖母与孙子因受不了"夜恐怖"，计划离开城中一同前往深山，途中在一古刹遇到一位念佛的慈祥佛婆，短暂停留后，又前往一个有山麓的乡村，住在一位稳健的妇人家中，家中有类似无家可归的难民，后乃然决定还是返回城中家中，家中的母亲与三弟已被杀害。在这篇小说中，作者将很多自然景物赋予拟人化色彩，从而进一步使读者感受到社会环境的变动与险恶状态，整体氛围"森怖凄惨""心胆惧裂"。

从相关人物来看，主要为祖母和孩童，文中有孙子、孙女儿、秀儿、弱小的孙女等称呼，以及可见"往日家中的安泰"、"鞑子"、"三弟"等杭州地方习用语，参照常书鸿的个人自传[常书鸿：九十春秋，杭州：浙江大学出版社，1994：页1-6]，人物群体与家庭环境经历比较一致。此文发表于1927年，当时陈芝秀十七岁，常书鸿二十三岁。

六、总结

因笔者研究需要，经文献检索和整理，陆续发现一系列20世纪二三十年代留法女雕塑家陈芝秀的几件史料，这些史料分布较为零散，内容也呈现片段化的特征，相对艺术家个案过往资料严重缺失，这些新材料仍是我们今天了解、理解陈芝秀青年时期学习与艺术经历的重要窗口。

传写敦煌情

常沙娜十二岁时与父亲从四川重庆转居敦煌。1945年至1948年，随父亲临摹敦煌历代壁画。除了父亲常书鸿，邵芳、董希文、张琳英、周绍淼都是她在敦煌时期的老师。所有临摹作品是她在十四至十七岁时完成的，作品多为"整理性临摹"。

敦煌就像常沙娜的另一个家。她的精神就像沙漠中生长的花一样坚韧、刚强，她对敦煌的爱已经渗到骨子里。她常说，自己一辈子就干了四件事：敦煌艺术、花卉写生、装饰艺术设计、艺术设计教育。岁月流逝，常沙娜以自己的一生践行着父亲交予的艺术使命。有人形容她宛如一朵"敦煌之花"，装点在民族艺术的大花园里，吐纳着属于自己的芬芳。

盛唐 172 窟为覆斗顶窟，窟室南北壁各画《观无量寿经变》一铺，据《观无量寿佛经》绘制，规模宏大，均为杰作。这里展示的摹本源自此窟南壁，临摹时已将变为深色的人物肤色恢复到原色。画面中殿阁层叠，人物众多，气氛欢快而热烈，可见画者对人物的组合、建筑的布局和透视关系的处理十分成熟。画面中部以大殿建筑为主体背景，并以大殿的透视突出中心佛殿的宏伟及唐代建筑的风格；两侧配殿低于大殿，表现其广阔连绵；后部楼阁则取平视角度，显得深远而辽阔，以这样多角度透视的方法烘托佛殿的气势。作品充分显示出佛陀的庄严、菩萨的柔美、伎乐人的欢快、极乐世界的殊胜美好。依据经文内容，画面上方还绘有不鼓自鸣的飞升乐器，下沿有水波涟涟的七宝池和八功德水，池中莲花盛开，鸳鸯戏水，颇有趣味。画面内容生动多样，丰富细致，设色淡雅，运笔细腻，使观者依此观想见西方极乐世界的庄严和功德。

观无量寿经变 - 临摹
盛唐 172 窟

伎乐人－临摹
北魏425窟

胁侍菩萨姿态优美，身形修长，头戴三珠宝冠。瘦削的脸庞、纤细的肢体和层叠的衣裙、帔巾，体现了敦煌莫高窟早期壁画人物造型的典型风格。人物肌肤的渲染采用了由西域传入的叠染技法，即用肤色遍涂人体；再用深色沿肌肤边缘及面部的眼、鼻、耳轮廓处叠绘深浅以显立体感；最后于眼、鼻梁等高隆部位，以白色笔触为高光，突出立体的装饰性。因浓淡不同的颜料需加白粉调制，年久日深，肤色中混合的铅白、铅丹色变灰或变黑，形成了现在这种黑色轮廓、棕色肌肤的人物形象。

本临摹品为现状的客观临摹，表现了北魏时期留下的现有特征。

胁侍菩萨 – 临摹
北魏435窟

药叉－临摹
西魏249窟

药叉－临摹
西魏(窟号不详)

药叉－临摹
西魏285窟

药叉－临摹
西魏285窟

伎乐飞天－临摹
隋303窟

伎乐菩萨－临摹
西魏288窟

敦煌莫高窟西魏 288 窟为中心塔柱式石窟，前室为人字披顶，后室为平顶，中有立方形中心塔柱，内开龛塑像。窟室四壁的壁画分段布局，上段一周环以天宫伎乐图，姿态婀娜的伎乐天俱作菩萨装，裸上身，着长裙、披巾，头戴三珠宝冠，手持钹、海螺、筚篥、横笛、腰鼓、阮等乐器，在券形西域式龛内起舞奏乐。他们的动作舒展奔放，既有较浓厚的印度舞风，又兼具北方游牧民族粗犷豪放的精神气质。圆拱龛前描绘了具有凹凸透视感的天宫凭栏，栏墙条砖分别染以青、黑、黄色，自然形成一和别致而律动的建筑图案。衣裙飞动、姿态各异的伎乐人与北魏时期的风格相得益彰。

敦煌莫高窟285窟是一个保存完整的西魏时期代表窟，也是早期洞窟中唯一有纪年题记的洞窟。该窟为方形覆斗顶，壁画以《五百强盗成佛图》最具代表性。北魏汉化改制给佛教绘画带来了多方面的影响。人物形象方面，由此前的"秀骨清像"逐步过渡到"褒衣博带"式的汉族衣冠制度；空间表现方面，出现了对山水场景的着意描绘。花草树木、飞禽走兽、拈花供养与传统的佛陀、菩萨、飞天等宗教题材共聚一窟，在止息妄念以明心见性的行法中，又常见世俗世界的丰富多彩。1952年，常书鸿领导的敦煌文物研究所开始对莫高窟进行整窟原大原色的临摹工作，首选即为285窟，可见该窟在敦煌众窟中的重要地位。

五百强盗成佛图 – 临摹
西魏285窟

　　《五百强盗成佛图》又称《得眼林__图》，是敦煌莫高窟西魏时期因缘故事画的代表作。壁画依据《大般涅__经·梵行品》绘制，采用横卷式的表现形式，在浅色地上按时间顺序表现__内容：匪五百强盗抢劫作乱，国王派军征剿，经过激烈的战斗，群盗被__并受剜眼酷刑。双目失明的五百强盗被放逐山林，佛以神通的行善说法使__门悔过自__而复明，最终皈依佛法。画面以激烈的战斗为开端，最终归__为众人皈依和参禅的平和场景，充满了戏剧性的发展与冲突感。画面中以五__表示五百，山石、建筑和树木接续故事情节，与人物的活动内容紧密穿__于一起，形成了这幅完整而生动的因缘故事画。

禅修－临摹
西魏285窟

285窟窟顶四披下部绕窟一周画有深山林木间连续的禅修图，以券形拱门表示禅窟，内有禅僧坐于莲座之上，多为裹衣结跏趺坐，闭目沉思，周围环以山峦林木、飞禽走兽。而其中一位出自窟顶南披下部东端的禅僧赤裸上身坐一束腰的圆形坐具上，与众不同，这种高型坐具和垂足半裸的坐姿是敦煌壁画描绘我国古代起居生活的珍贵资料。禅修图中还描绘了山间诸多姿态各异、自然生动的动物形象，鸟兽的奔飞与禅窟内参禅入定的静穆形成了动与静的强烈对比。

《佛传故事》表现佛陀释迦牟尼一生的事迹，是敦煌莫高窟壁画的主要题材之一，十六国北凉至宋代的石窟均有不同形式的描绘。此摹本源自北周290窟的佛传故事画代表作，原壁画位于洞窟人字披顶的两披。画面采用汉晋绘画传统中的横幅长卷式连环画形式，共六层八十七个画面，浅色的描土红线，按"之"字形结构安排上下各层画面。此画按照《修行本起经》的内容绘制，描述了释迦牟尼生平的主要事迹，从右上端开始，描绘了乘象入胎、摩耶说梦、树下诞生、步步生莲、九龙灌顶、天降三十二祥瑞、修三时殿、太子赴

学、两国议亲、献计试艺、掷象相扑、箭传七鼓、得胜回宫、聘娶妃子、出游四门、树下观耕、天神劝请、夜半逾城、车匿还宫、举国悲恸、追寻太子、五比丘皈依、佛陀成道、初转法轮等八十多个画面。画中采用细腻的连环画叙事手法，对人物、服饰、车乘和动物等内容皆有具体而生动的穿插表现，并以建筑、山川或树木分割的形式巧妙推动故事情节的发展，体现了高超的艺术技巧和浓郁的民族风格。

普贤菩萨图 – 临摹
中唐159窟

文殊菩萨图－临摹
中唐159窟

敦煌唐代经变画中有大量舞蹈的供养伎乐人，其多样的舞姿及乐器反映了当时世俗社会生活中的乐舞场面，生动地体现了中国古代乐舞的繁荣。此幅临摹取自初唐时期的经变壁画，表现了一位舞伎身着菱形条格纹锦裤裙，环绕薄纱飘带，辫发披肩，欢快起舞的场景。她背身侧立，身姿昂扬，似有腾空之势，舞姿挺拔、明快，是古代舞伎形象的生动反映。

舞人－临摹
初唐220窟

伎乐人 - 临摹
晚唐(窟号不详)

五代 61 窟是敦煌莫高窟最大的洞窟之一，为五代第四任归义军节度使曹元忠夫妇捐建。此窟北壁东侧下部画曹氏家族女供养人四十九身，是敦煌石窟中女供养人数量最多、面积最大、绘制最精美的一组壁画。此时的供养人身段已超出佛像的尺度，突出了供养人家族的身分及虔诚造窟的规模。这里展示的是临摹自其中的一身女供养人像，从中可以看到五代时期贵族妇女服饰文化的真实状况。女供养人头戴凤冠，两侧有步摇和花钗；颈部戴多重项饰；身着曳地朱红色织绣裙，装饰花草图案；肩披绶带鸟图案画帔，色彩绚丽，花团锦簇。她的面部还贴有多种花靥，当时在额头、两鬓、眼睑、面颊等处以圆点、花草等花钿点缀，是五代贵妇仿效唐代后妃的时尚。整幅画像表现了这位曹氏家族女供养人雍容华贵的气度和双手合十的虔诚供养的神态。

女供养人－临摹
五代61窟

南方天王像－临摹
晚唐12窟

供养菩萨 - 临摹
盛唐(窟号不详)

初唐71窟为覆斗顶窟，因窟内壁画早已被熏黑，近年经敦煌文物研究所用药物对北壁进行部分清洗，才显露出精美的初唐画迹。北壁画有阿弥陀经变一铺，主尊周围围绕着九身供养菩萨，这里临摹的是其中两尊思维菩萨。菩萨皆梳高髻，戴宝冠，青发分披双肩，斜披天衣，下着罗裙，交脚趺坐于覆瓣莲花座上。两菩萨神情平和，头略低，一手支颐，双眸凝视，仿佛沉浸在澄净的思维中。

思维菩萨－临摹
初唐71窟

初唐时期，敦煌翟氏家族在莫高窟主持捐建了一个大窟，即220窟，又称"翟家窟"。在宋代或西夏时，窟室壁画原作全被覆盖。1944年，敦煌艺术研究所将四壁外层壁画剥去，才使初唐的艺术杰作赫然生辉。此窟原壁画皆为上乘之作，处处精美，其北壁正中绘一大幅药师净土经变，其中表现若有患人欲脱重病，应"燃四十九灯，造彼如来形像七躯—像前，各置七灯—灯量，大如车轮，乃至四十九日光明不绝"，所以此经变中出现了大型灯轮和燃灯图。画面东侧五层灯轮旁边，一尊菩萨正在往灯架上摆放小灯，另一尊菩萨则蹲在地上点灯。这幅临摹作品仅截取了画面中的燃灯菩萨，柔美的造型和淡雅的设色表现了菩萨神情专注、虔诚供养的场景，姿态恬静而优美。

燃灯菩萨 – 临摹
初唐220窟

准提观音（十八臂观音）线稿
初唐220窟

十一面观音是密教观音画像之一，十一个颜面象征菩萨修完十地，最终功行圆满，达到第十一地—佛地。壁画主要依据《十一面观音经》绘制，此经由北周耶舍崛多与唐玄奘、不空三译，所描述的形象大同小异。在敦煌莫高窟壁画中，从初唐到元代皆有佳作，但与经文中所描述的有所出入。此画像中十一面观音面容恬静慈祥，璎珞披身，姿态优美，立于莲花座上。五只手分别执持净瓶、柳枝、日精摩尼、月精摩尼、莲花，另外三只手结手印，姿势优雅。画面设色淡雅，画风细腻，用笔精到，是体现中唐画风的代表性作品。

八臂十一面观音－临摹
晚唐（窟号不详）

风神 - 临摹
唐（窟号不详）

观音菩萨 – 临摹
中唐199窟

供养菩萨 - 临摹
晚唐14窟

说法图 - 临摹

隋末唐初390窟

观世音菩萨 – 临摹
中唐112窟

文殊变－临摹
中唐(窟号不详)

纤毫入画图

回忆起20年代我刚从浙江工业染织科毕业，赴法国里昂勤工俭学，在国立里昂专科学校染织图案系攻读时的往事。当时老师告诉我们，是法国著名的机械师茄卡得（Ja-cquard）创造了提花织机，但是当我1943年到达敦煌，看到金碧辉煌的服饰织物图案时，恍然悟到这些织物图案是在6世纪前后的隋唐时代绘制的，比茄卡得早一千多年，显然不是由茄卡得织机制造的。那么，谁是6世纪时中国的茄卡得呢？是我所尊重的中华民族古代的工艺大师们。

——常书鸿《中国敦煌历代服饰图案·序言》

女供养人（于阗国王及曹议金家族）披带纹样（左）
女供养人手绘披带部位图（右）

五代98窟

女供养人腰边纹样（上）女供养人上衣纹样（下）
晚唐144窟

女供养人刺绣丝绸衣袍纹样
晚唐138窟

彩塑菩萨服饰效果图

盛唐45窟

曹议金夫人供养像刺绣衣领纹样（上）
曹议金夫人供养像刺绣袖口纹样（下）

五代205窟

于阗国王李圣天服饰效果图
五代98窟

于阗国王李圣天皇后曹氏服饰效果图
五代98窟

供养人服饰效果图
宋61窟

西夏王供养人服饰效果图
西夏409窟

头饰图案

敦煌石窟壁画中描绘了众多人物形象，从身份上可分为佛教人物和世俗人物两大类。古代画工在刻画人物时，一方面依据佛教经典的内容及壁画所体现的情节和场景进行塑造，另一方面也大量结合了现实生活中的人物形象特征、服饰、佩饰等，在人物的各个部位进行详尽的表现。通过研究这些人物的装饰细节，可以使我们更加充分地了解当时人们的生活样貌和审美风尚。

壁画上众多的人物中，华丽、宝相庄严的菩萨，以及世俗人物中风姿绰约、妆容明艳的历代女性供养人像，展现了中国古代妆饰之美。人物所用的妆饰中，头部的妆饰最具特色。我们通常所说的"首饰"，也即"头饰"。人们从自然界中观察到鸟兽头上有美丽的冠、羽毛、角等，由此获得灵感，采用各种金属、珠宝、玉石、纺织品等做成头饰，插戴在头上，形成了人类独有的装饰与审美。不同时期的头饰有不同的造型、色彩、材质、工艺，更重要的是，特定的头饰装饰也体现了一个时代的文化与历史内涵。

纵览从北朝到元到敦煌壁画中佛教人物、世俗人物的头饰图案，从一个侧面反映了中国古代冠饰的演变和丰富多彩。对头饰图案的系统整理和研究，为我们今天的首饰装饰设计提供了珍贵的素材和创意灵感。

供养菩萨头饰图案
北魏248窟

供养菩萨头饰图案
北魏257窟

于阗国王第三女公主（供养人）头饰图案
五代61窟

于阗国王李圣天皇后（供养人）头饰图案
五代98窟

供养人头饰图案
西夏409窟

供养菩萨头饰图案
元465窟

供养菩萨头饰图案
西魏285窟

观音头饰图案
隋401窟

南壁供养菩萨头饰图案
初唐57窟

观音头饰图案
隋302窟

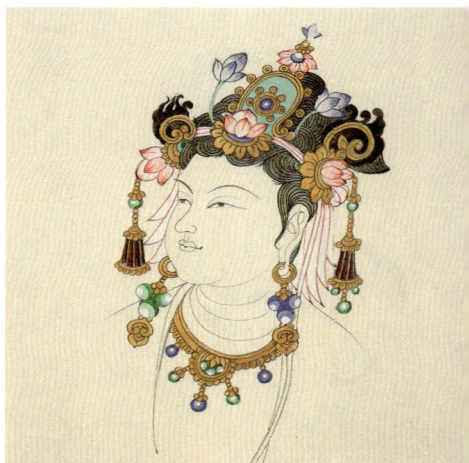

说法图观音头饰图案
初唐57窟

阿弥陀净土变菩萨头饰图案
初唐372窟

涅槃经变菩萨头饰图案
中唐158窟

菩萨头饰图案
中唐199窟

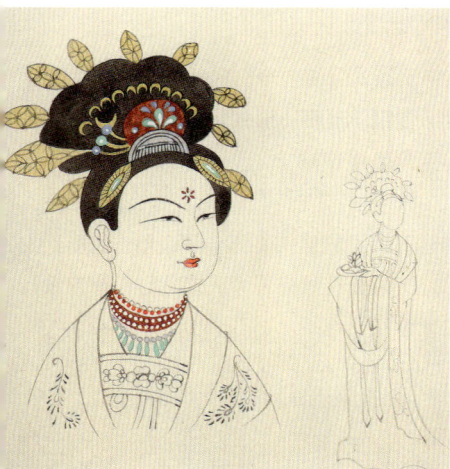

都督夫人供养头饰图案
盛唐130窟

维摩诘侍女头饰图案
初唐220窟

供养人头饰图案
晚唐9窟

公主供养人头饰图案
五代61窟

佩饰图案

敦煌历代石窟中的壁画和彩塑人物所佩戴的各种饰物图案称为"佩饰"。通过佛、菩萨、伎乐天、供养人等的穿着打扮，佩饰图案侧面反映了古代中国的社会生活场景，此一图素也为中国古代妇女装饰研究补充了大量的形象资料，成为现今珠宝设计者灵感的来源与参考。

古代壁画中的人物佩饰从类别上分为项链、手饰、耳饰三大类，佩饰主要出自佛像画、大型经变画中菩萨、伎乐天身上的佩饰，少部分出自供养人。佩饰中最为华丽的当属菩萨身饰的璎珞（璎珞传自印度，古印度的王公贵族把许多珠宝串联起来，挂在身上，称为"璎珞"），印度璎珞装饰习俗随着佛教传入中国，其注重佩饰的特色与传统亦被敦煌佛教造像艺术所吸收，大量出现在佛教人物形象上。

璎珞造型多变，一类从颈部、胸前到足踝，围绕全身；另一类佩饰集中于手臂和手腕上的臂环、臂钏，材质包括金银、玉石，形式包括圆环、珠串、绞丝、竹节、辫子等，整体风格明显受到西域影响。

常沙娜所出版的敦煌图案书籍中阐述了大量的佩饰图案，从造型、色彩到文化性等方面进行分析，让不同朝代的美丽图素对应现今，成为当代珠宝设计的最佳借镜，透过设计师撷取、转化创意。

佩饰图案（菩萨）
盛唐66窟壁画

佩饰图案（菩萨）
盛唐320窟壁画

佩饰图案（菩萨）
西魏259窟彩塑

佩饰图案（说法图菩萨）
西魏285窟壁画

佩饰图案（交脚菩萨）
北魏275窟彩塑

佩饰图案（半跏菩萨）
北魏275窟彩塑

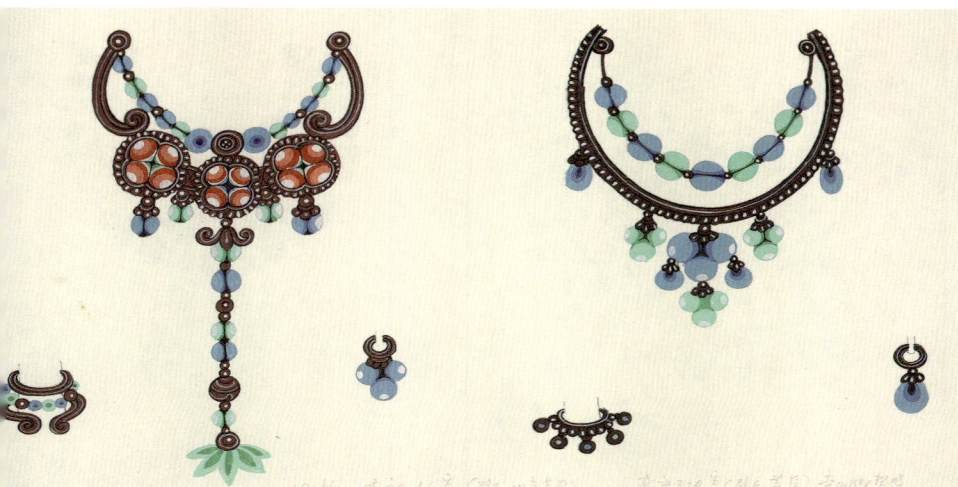

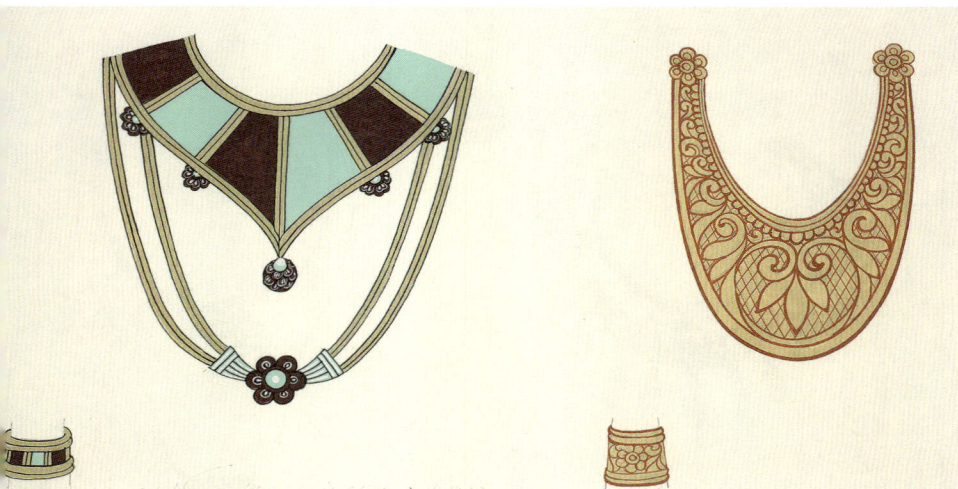

佩饰图案（于阗国王李圣天皇后供养者）
五代98窟壁画

佩饰图案（曹氏家族女供养者）
五代108窟壁画

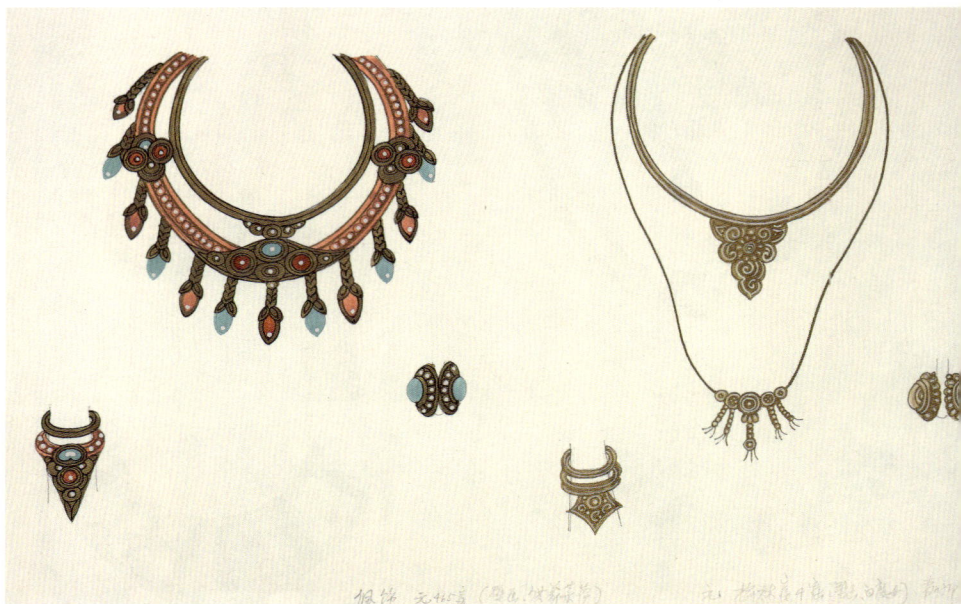

佩饰图案（供养菩萨）
元465窟壁画

佩饰图案（并坐菩萨）
榆林窟4窟壁画

手足图案

在中国传统人物画的表现中，对人物手部的刻画与表现面部眉目同样重要。手型、手姿能充分传达出人物的身份、年龄、性别、个性、情感，使人物的线条更加生动、具体，活灵活现。敦煌壁画中尤其善于敏锐地捕捉变化多端的手姿，以建立在写实基础上的概括凝练的手法，用简练流畅的线条表现出各类人物的动态和性格，令后人称道并深得裨益。

敦煌石窟壁画中所描绘的手、足形态在不同历史时期也体现出不同的时代风貌，在表现风格上有所差异。这种风格上的分野可以总结为北朝、隋唐和宋元三个阶段，也就是敦煌壁画的早期、盛期和晚期。早期（十六国、北魏、西魏、北周）石窟壁画的整体风格简练、概括，无论人物，还是景物、动物，更多的是追求写意而非绝对写实。人物造型崇尚"秀骨清像"之美，用线纤柔似"春蚕吐丝"。体现在手的刻画上也重点突出手部整体姿态的生动美感而非细枝末节、面面俱到的描摹。中期（隋唐）石窟壁画的特点是较为写实地表现对象，更重视细节的刻画，整体风格富丽华贵，人物造型以丰腴劲健为美，人物的手、足也相应地变得丰富圆润。这一时期采用短弧线表现手指、足趾的关节，也表现指甲，虽然仍是以线造型，但结构十分准确真实。晚期（五代、宋、西夏、元）石窟壁画中人物手、足的造型与姿态基本上继承了前代的风格与描绘技法，但也有自己的时代特色。如宋代时期的手，指尖不再如唐代那样饱满如珠，而是画得尖削秀丽，指甲也较前代为长，呈现出所谓"食指纤纤如春笋"之状。到了元代，敦煌手姿的表现出现了一个新的高峰。此时敦煌画风以线描为主，但对线条的运用臻于完美，达到了炉火纯青的境地，线描柔中带刚，线条劲拔流利，手型圆润秀丽、结构准确，姿态自然生动。

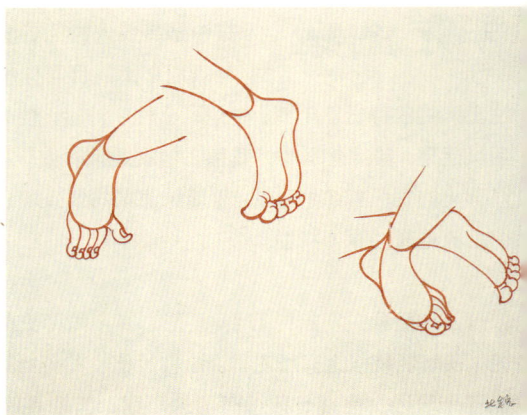

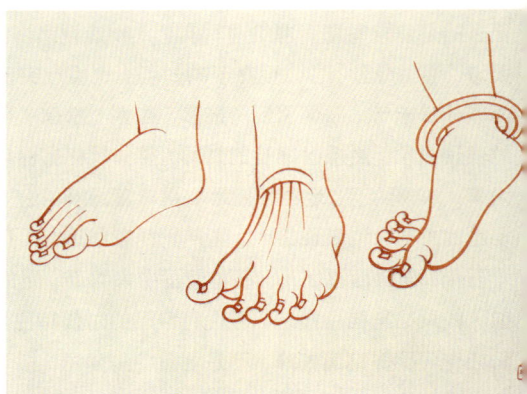

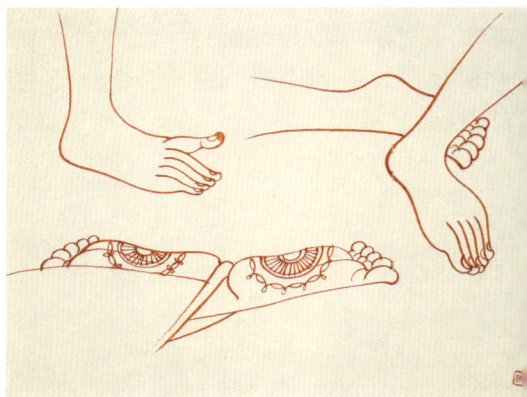

足部图案
北魏

足部图案
唐

·· **250** · **251**

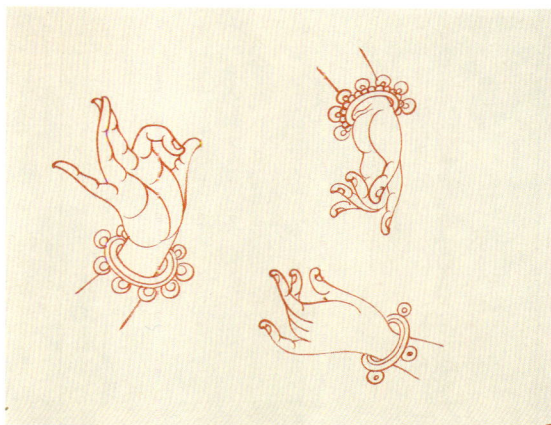

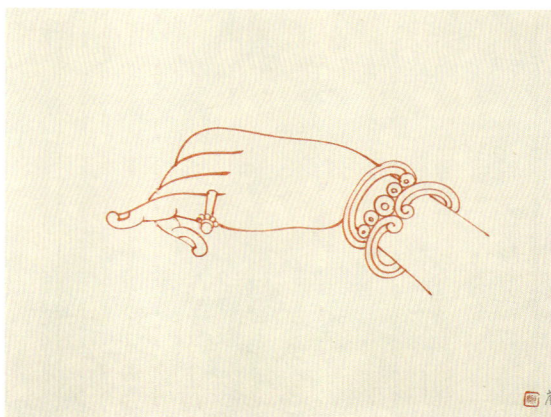

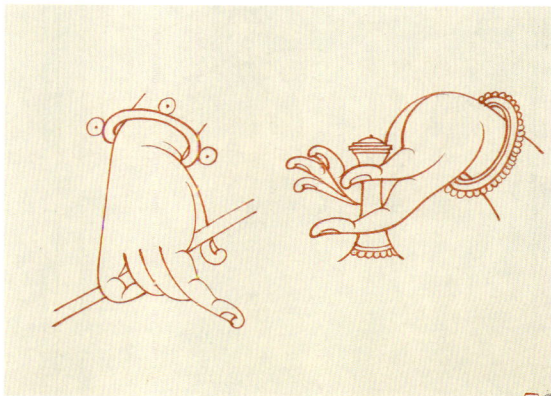

手部图案
唐

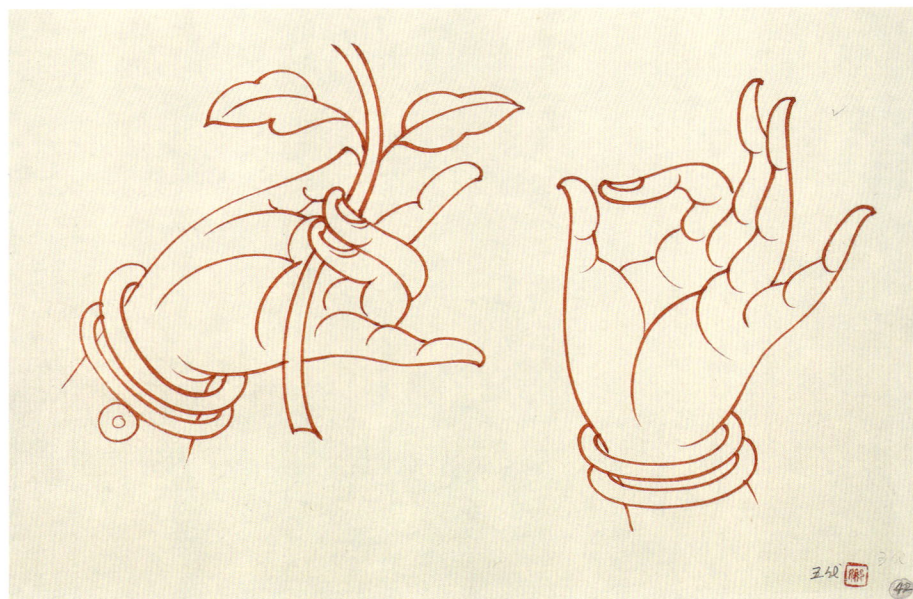

手部图案
西魏

手部图案
五代

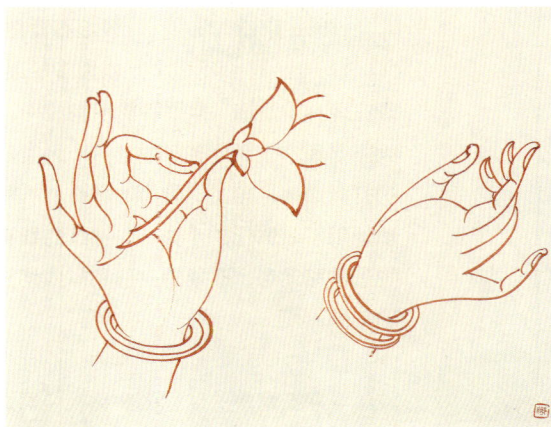

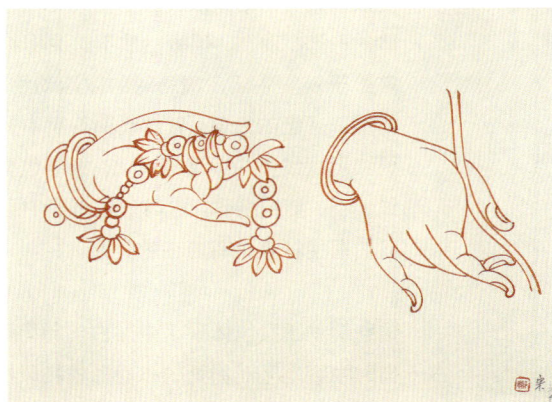

手部图案
宋

动物图案

敦煌石窟壁画中表现了众多的动物形象。这些动物大多描绘于佛教故事画、经变画中 也有的出现在藻井、边饰、龛眉等图案构成中。这些动物形象从表现内容上来看，一大类是现实生活中的动物；另一大类是富于神话色彩的、通过想象创造出来的祥禽瑞兽，如龙、凤、飞马等。从表现手法来看，这些动物的造型和色彩都运用了装饰化的手法。以熟练的线和笔触作为造型，平面处理，夸张的动物形体和动态，形象的变形和拟人化，在写实的基础上，特别突出装饰图案的美感。

敦煌早期石窟中的动物图案重视"写意传神"，与当时壁画的整体风格一致，线条疏朗，用笔豪放，造型简约生动，不拘泥于细节，而是重视表现动物整体的形态、动态，用概括的手法突出特点和增加艺术表现力。动物造型更多来源于现实生活，隋唐时的敦煌动物图案造型结构准确，色彩也较为写实，体现了盛世的气象。敦煌晚期石窟中的动物图案更贴近生活，在表现形式上更加重视线条的运用与变化，细节也更加具体。色彩上比较单一简洁，但用线流畅，结构准确。这与宋元时期中原地区整体绘画风格重视线描、精微细致的写生特点也有内在的关系。

这些动物图案也体现了中国古代动物画的风格流变，不同时期的敦煌图案与当时中原地区动物画的表现形式和风格气度保持着一致的面貌，说明民族化和对传统的继承已经深刻地融入了敦煌艺术的方方面面。

金龙腾云
宋235窟

九色鹿
北魏257窟

挽车白马
北魏257窟

山岭猕猴
西魏285窟

受惊的鹿
西魏285窟

山林猪群
西魏249窟

受惊野牛
西魏249窟

林中小鹿
西魏285窟

山中野猪
西魏285窟

山林奔鹿
西魏285窟

奔牛
西魏249窟

山林牦牛
西魏285窟

凤鸟
西魏285窟

翼鹿
西魏249窟

鸵鸟
西魏285窟

翼马
西魏249窟

龙
初唐332窟

天鹿
初唐332窟

金翅鸟斗毒龙
晚唐9窟

虎
北周428窟

闲静的马
初唐431窟

马夫与马
初唐431窟

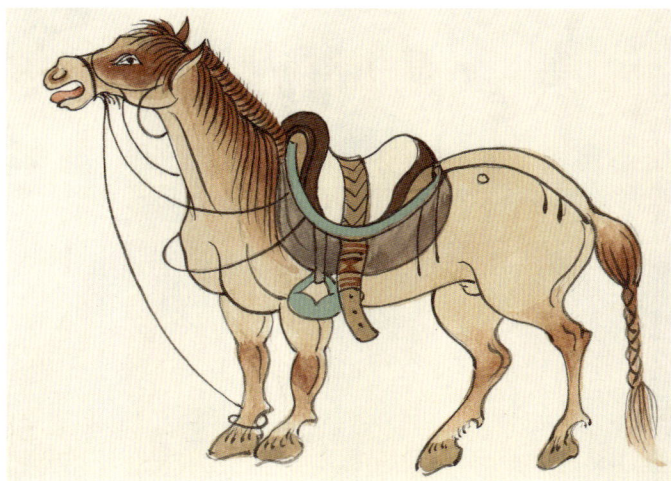

途中的驴
盛唐45窟

经变中的马
中唐154窟

衔花双鹿
中唐92窟

颈部挂包的鹿
五代395窟

飞翔鹦鹉
西夏榆林窟10窟

红嘴蓝鹊
西夏榆林窟10窟

衔花大雁
中唐158窟

树木图案

敦煌壁画中富于装饰性的树木图案在早期石窟中出现较多，树木往往描绘在有情节的本生、因缘故事画中，夹杂在起伏的山峦之间，起到烘托环境的作用。创作时，画匠们有意识地把自然立体物像处理成二维平面的造型，而"平面化"也正是装饰图案的重要表现手法之一。此外，壁画的画匠们运用简化概括、抓住特征的手法处理树木的造型。一棵大树枝叶繁盛，数不胜数，但画工在表现树的时候只用数片叶子组成树冠的大体外形，着重刻画不同品种树木的叶子形态，如掌状叶、椭圆叶、针状叶，虽然形象高度简练概括，但树的自然特征和优美形态却被更充分地表现出来，这也是装饰图案"化繁为简"、突出特征的表现手法。

隋代是画风从装饰到写实、从简练到具体的过渡时期，仅就树木的造型处理手法来看，也能发现有明显的变化。隋代后期至初唐，树木造型逐渐从装饰化、图案化过渡到趋向写实的风格。唐代以后的敦煌壁画画风和表现技法进一步向中原滚动条画的风格靠拢，对树木的表现更趋写实和具体，图案化的树木造型在晚期壁画中出现较少。

敦煌壁画中具有装饰图案特点的树木造型体现了古代画师善于对自然事物进行高度概括与提炼，对于形式美进行准确的把握与表现，并且擅长处理局部物象与整体之间协调一致的关系，可供现代装饰艺术学习借鉴。

树木图案
西魏285窟

树木图案
北周296窟

树木图案
隋276窟

树木图案
隋419窟

树木图案
初唐321窟

树木图案
盛唐49窟

树木图案
中唐榆林窟25窟

树木图案
初唐321窟

树木图案
盛唐

树木图案
晚唐17窟

树木图案
五代61窟

散花图案

散花图案是指敦煌壁画中大量散布于壁画画面主体形象间隙的散点式花叶图案，主要是填充空间，使画面更加完整，更具装饰性。这些自由灵动、不拘一格的小花图案，如果不细加注意，很容易被忽视。这些图案遵循着与各个历史时期的洞窟整体艺术风貌相一致的原则，从造型、色彩、运笔上都与整体壁画风格得到完美的融合。单独看这些图案，同样可以明确地感受到不同时代的敦煌图案艺术特色。

散花、树木分别罗列在整幅卷轴之间，不拘泥于一定的装饰面积和构图组织，所呈现出的造型更加自然生动，但又经过了匠心独运的简练、概括、夸张和平面化的处理，绘制得心应手，更显大自然的景象，富于装饰趣味和艺术魅力。从古至今，图案的创作源自自然，来自生活，图案的形象从自然界美的造型中汲取、提炼和强化。

散花图案
北魏

散花图案
西魏285窟

散花图案
西魏286窟

散花图案
西夏263、16、328窟

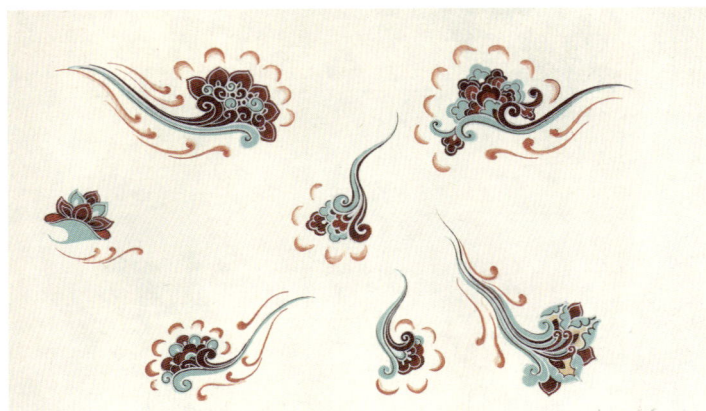

散花图案
隋303窟

散花图案
初唐331窟

散花图案
中唐154、158窟

华盖图案

上古神话传说黄帝与蚩尤大战时，有五色云气和金枝玉叶形成花状之物置于黄帝顶上，故称为"华盖"。印度文化中，华盖代表权位，敦煌石窟壁画中的华盖则用于描绘佛祖、菩萨等佛教人物及显赫地位的供养人物头顶上方的伞盖装饰图案。

敦煌壁画保存了大量华盖描绘，图案因朝代更迭在材质上有着明显的变化，但始终与壁画的风格保持一致是其特殊之处。魏晋南北朝时期的华盖图案分为伞盖及垂幔，形态简练，无华丽的璎珞装饰；隋代开始华盖图案出现火焰纹及细小的璎珞装饰，倒悬的莲花成为主要特点；唐代是华盖图案数量最多，品种最丰富、风格最富丽多样的时期。唐代华盖图案与藻井图案密不可分，藻井亦被视为悬挂于窟顶的华盖象征，两者相互衬托、配套；宋代造型相对趋向简单；西夏时期华盖的花朵、丝带、璎珞从立体造型转为平面化，装饰味更加明显，独具特色。

华盖图案不同于敦煌其他的装饰图案，它并非完全平面化，表现出相当程度的透视感，在造型、装饰和用色手法上遵循图案设计的规则和法则，图案呈现平视、仰视等绘制技法，为研究敦煌洞窟图案中不可或缺的一环。

华盖图案
西魏285窟

华盖图案
隋390窟

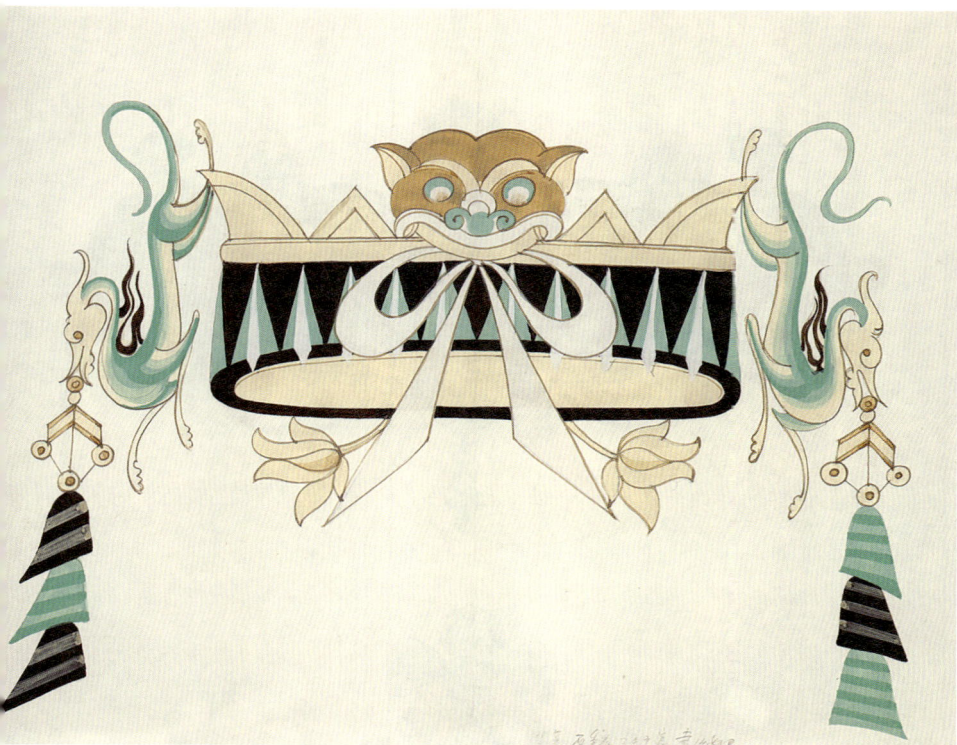

华盖图案
初唐321窟

华盖图案
盛唐103窟

华盖图案
盛唐66窟

华盖图案
中唐231窟

华盖图案
中唐榆林窟3—4窟(西千佛洞)

华盖图案
晚唐14窟

华盖图案
晚唐14窟

华盖图案
五代61窟

华盖图案
西夏206窟

华盖图案
西夏榆林窟2窟

华盖图案
宋76窟

人字披图案

人字披图案是从中国传统木建结构人字屋顶所演变而来的图案。莫高窟洞窟并无实际的木造结构，画匠以二维绘画技法模仿建筑三维景深，图案具有重复及规律性，加上时代变化，衍生出其特色。

早期石窟人字披顶构造以浮雕及绘制手法模仿木构建筑，图案内容、构图形式、艺术风格在统一规格下产生细微差异。北魏时期人字披由波浪状藤蔓、莲花、忍冬叶、供养菩萨和飞天组成。色彩以土红、土黄、石清、石绿、深赭、白等为主调，以西域凹凸晕染手法表现体积感；人物上身半裸下身系裙，是北魏时期特有的艺术风格。北周末至隋代，覆斗顶形的洞窟渐渐增多，人字披位置改绘本生、佛传故事，不再以装饰图案的形式出现，人字披图案也不再出现。人字披图案保存了木构特点，不仅让敦煌石窟艺术多样化，同时亦借鉴、启发了今日室内装修的创意。

人字披图案
西魏254、263窟

人字披图案
西魏248窟

人字披图案
西千佛洞10窟

人字披图案
西夏309窟

边饰图案

边饰图案指的是敦煌历代石窟壁画中各个部分用于分界的带状连续纹样，在各类壁画中的分布十分广泛，不同部位的边根据装饰功能的不同各有各的特点。各个时期的边饰图案随着壁画整体风格的演变而变化，与之相协调，形成浑然一体的装饰效果。

边饰图案使石窟内部各部分装饰面积之间有了明确的区别，同时增强了各个装饰部位之间的呼应和联系，使整个石窟具有整体统一的装饰效果。边饰图案的繁简、内容题材和表现手法的变化都与特定的历史文化密不可分，这方面的研究与认识对于现代装饰艺术的设计创作具有重要意义。

边饰图案
西魏285窟、北周428窟

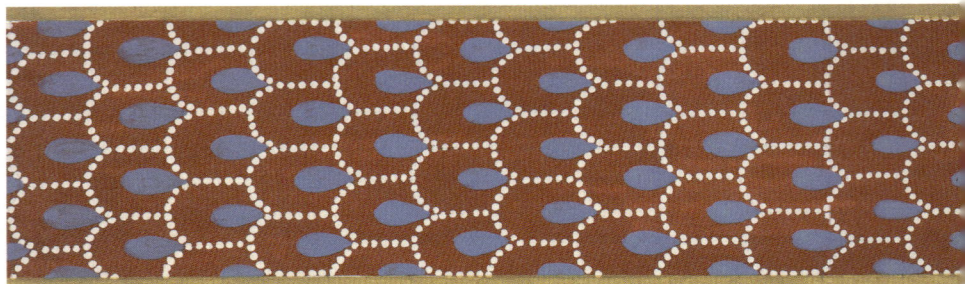

边饰图案
西魏259、257窟，西魏432窟

边饰图案
隋419、282、390窟

地毯图案

地毯图案大部分出自唐代石窟壁画。经变画是唐代敦煌壁画内容主题。依据一部佛经而绘制整壁巨幅绘画，通过对称、主次分明、完整的艺术形象向观者展示佛国世界中的欢乐、清净、盛大的场景。经变画中描绘的大型乐舞场面正是当时现实生活中宫廷乐舞情景的再现。在壁画中，伎乐人物和乐队身下的各式花毯只显露出一些局部，因此成为不易被注意到的装饰部位，但加以整理将其完整再现之后，这些地毯的图案、色彩和构图形式为研究唐代地毯装饰风格提供了详细的图像依据。

在中国古代，丝织、麻织、印染、刺绣等各种染织工艺都非常发达，技艺精湛。由于织物具有难以保存的客观局限，现存于世的织物文化遗产并不全面，敦煌莫高窟的壁画、彩塑中出现的地毯、服饰等纺织品图案是研究中国染织工艺历史的珍贵材料。

花砖图案

敦煌花砖图案是从莫高窟的窟室中及敦煌周边地区的古代寺庙、墓葬中发现整理的铺地砖石装饰图案。在中国古代，花砖主要用于装饰宫殿或墓室，最早出现于秦代，流行于汉代，其内容题材非常广泛。之后花砖装饰在原先模印画像砖的基础上演变为以雕刻为主要手段的砖雕艺术，其构图以人物故事及装饰性图案为主，是画像砖的一种变化形式。

敦煌石窟中已经发现的铺地花砖包括隋、唐、五代、宋、西夏、元等几个朝代。这些模印工艺制作的花砖，图案简洁流畅，风格古朴醇厚，都以方形的适合图案加以装饰，各具特色。如唐代的莲花如意纹卷草纹砖，花型丰满富丽，卷草生动流畅，图案画面静中有动，庄重大方。西夏的八瓣莲花云头纹装饰，造型简练粗犷，具有西北少数民族装饰风格特点。装饰花砖铺设于地面，与窟顶的藻井、天花及四壁的壁画、图案融为一体，在装饰图案风格和装饰效果上与其他部分保持一致和统一，使地面也成为整个石窟装饰的有机组成部分。

地毯图案
西夏409窟

花砖（联珠莲花纹）
唐

花砖（石榴纹）
唐

花砖（蔓草卷纹）
唐

花砖（联珠莲花纹）
唐

花砖（莲花纹）
五代

花砖（如意花蕊莲花纹）
五代

花砖（莲花纹）
宋

花砖（火焰宝珠纹）
宋

花砖（莲花纹）
西夏

花砖（莲花纹）
西夏

一花
一世界

常沙娜花卉写生作品

佛说：一花一世界，一叶一菩提。常沙娜的艺术来自敦煌，更来源于大自然。敦煌壁画的花卉元素是她创作的渊源，自然的生命形态更是她设计的灵感。

在敦煌大漠的时光，生活虽然困苦，却因此使常沙娜学会了欣赏事物美好的一面。她走进大自然，捕捉形态各异的花的风姿和色彩，感受那些花花草草争奇斗艳的生命力，更意外地发现很多不起眼、不知名的小花兀自绽放着。它们的花与叶在形态和色彩构成上如此地自然、和谐。有感于大自然本身存在的美的规律，常沙娜觅得了敦煌艺术之外的艺术创作灵感，更因花草的坚韧而顿悟生命的意义。

慈姑

八树（花椒树）

漏斗菜

卡特兰

金银花

1995. 8

向日葵

藏红花   龙胆

朝鲜梨　　　　　　　　卷丹

78.5.29. 亚麻

亚麻

81.4.

花卉

蝴蝶兰

花卉

飞燕草

马蹄莲

细叶百合

学艺术，要学传统，学大自然。大自然本身的色彩是协调的，如漂亮的花卉、蝴蝶、鸳鸯，色彩是大自然造化而成的，有的是出于生态平衡保护自己的需要，有的是出于繁衍的需要，它们一同构成了大自然绚丽多彩的和谐。

—— 常沙娜

1989.5

鸢尾

凤眼莲

黄菊

黄鸢尾

大花铁兰

兜兰

十姐妹

蜀葵

蝴蝶兰

蝴蝶兰

1990.4

郁金香

花卉　　　　　　　　　　百合

1991.8.

花卉

热带兰

水仙

满天星

罂粟　　　　　　　　　大葱花

固安小红果

水莲

腊梅　　　　花卉

花卉

蝴蝶与花

丁香花

她们与人一般，有着各自的性格和容貌，有清淡素妆的，也有艳丽浓妆的；有纤细秀丽的，也有粗犷淳厚的。她们都毫不掩饰地展示着自身的特征，为我提供了再现美的灵感和素材，这是大自然纯真的写照，是我思绪变化的记载，也是我对大自然美的憧憬。

——常沙娜

仙人掌

勒杜鹃与蝴蝶

银星海棠

向日葵

康乃馨

仙客来

蝴蝶兰

舞女兰与热带兰

马蹄莲

2012.1.1

花卉

古韵扬新风

常沙娜的艺术设计与敦煌艺术的当代应用

敦煌艺术以其深厚的文化内涵，代表着古今艺术的交融与多元文化的融合，不仅以其丰富的艺术面貌激励着一代代艺术学子奔赴苦修、精研造型，更以其多样的图样构成引发了更多兼具中国传统艺术风韵与现代艺术特点的艺术作品的产生。艺术设计领域同样感受到来自敦煌艺术的古典魅力。

让艺术走进生活，常沙娜坚持从本国的文化历史中找寻设计灵感，把握敦煌艺术的特质，将古典元素融入实际设计当中，创作出具有本土文化气质与时代性的艺术设计作品，让古典艺术与自然之美薪火相传，点亮了设计的艺术之光。

1954年至1959年，常沙娜先后参与了"十大建筑"中北京展览馆、首都剧场、人民大会堂和民族文化宫等新建筑的装饰设计，将所学的敦煌艺术元素应用于设计，同时也积累了丰富的实践经验。其中，人民大会堂是首都最重要的建筑。在周恩来总理"要让年轻人参与其中"的建议下，二十三四岁的常沙娜参与并完成了人民大会堂的外立面和宴会厅的顶灯设计。今天，宴会厅的顶灯依然华丽光亮。

在积极探索传统图案的运用与创新并与工程需要相结合的过程中，常沙娜逐渐探索出适合时代要求和自身特点的艺术风格。

1997年，常沙娜受命主持并参加设计中央人民政府赠送香港特区的大型礼品雕塑——"永远盛开的紫荆花"。

常沙娜的设计艺术有目共睹，所有设计均以敦煌图案为元素，成为当代中国设计的重要艺术形式。

我们现在所要推广的艺术创意应用必须体现在生活之中，对古典元素不是单一的挪用，而是应用，必须经过设计者的消化与吸收，转变为新的产品的生命与力量，而此应用亦是周恩来总理过去所强调的民族的、科学的、大众的设计理念。

亚洲太平洋区域和平会议在北京召开，这是新中国成立以来第一次在我国召开的国际会议，林先生组织我们为大会设计一批礼品……我设计的真丝头巾采用敦煌隋代石窟藻井的形式，上面穿插和平鸽图案，就是在林先生的指导下搞出来的，记得当时她讲："你看毕加索的和平鸽，可以把鸽子的形式用在藻井上。"她一说，我就有了灵感，马上就设计出来了。我还设计了一个景泰蓝盘子，熟褐色的底子，白色的鸽子，加上卷草纹，既有敦煌风格，又是现代的。

——常沙娜

林徽因先生认为，景泰蓝是北京的特种工艺，应该很好地发展，要利用传统的工艺技术，改进它们的功能、造型和装饰设计，将陈设品转化为日用品，和人民的日常生活结合起来……在她的指导下，我们尝试把景泰蓝产品设计为台灯、烟具盒、盘子之类的日常用品，将传统的工艺、材料和形式应用于现代生活。

—— 常沙娜

1951年，常沙娜在林徽因先生指导下设计的景泰蓝卷草纹烟盒
1951年，常沙娜在林徽因先生指导下设计的景泰蓝卷草纹烟具盘

1951 年，常沙娜在林徽因先生指导下设计的景泰蓝卷草纹台灯

1951 年，常沙娜在林徽因先生指导下设计的景泰蓝盘

我尤其深刻地理解了50年代周总理提出的、梁思成和林徽因等老先生奉为宗旨、不停阐述的艺术创作原则——"民族的、科学的、大众的",这指的就是文脉、一种民族的、血液里的东西。

—— 常沙娜

1958 年，人民大会堂外立面柱廊上方琉璃瓦门楣设计

1958 年，人民大会堂须弥座的石雕花饰设计

2006 年，人民大会堂接待厅两侧半圆休息厅天顶沥粉彩绘装饰设计

1959 年，民族文化宫大门装饰

春（牡丹）
人民大会堂北大厅墙面浮雕装饰

夏（荷）
人民大会堂北大厅墙面浮雕装饰 ··

秋（菊）
人民大会堂北大厅墙面浮雕装饰

冬（梅）
人民大会堂北大厅墙面浮雕装饰

常沙娜
艺术年表

1931
- 3月26日生于法国里昂，名字来自当地的河流"La Saône"，后译为中文"沙娜"。

1936—1937
- 父亲常书鸿于1936年回国，被聘为北平艺术专科学校教授。常沙娜随母亲陈芝秀于1937年回国，正逢"七七事变"，抗日战争爆发。

1937—1940
- 北平沦陷，北平国立艺专与杭州国立艺专合并后迁校至西南，常沙娜随父母辗转经贵阳、昆明，后到达重庆。

1943—1945
- 举家离开重庆，迁往甘肃敦煌。
  就读于酒泉河西中学。每逢寒暑假便回敦煌莫高窟学习绘画、临摹壁画。

1946—1948
- 在莫高窟临摹期间，由父亲常书鸿讲解历代壁画的历史背景及风格，同时学习文化课，包括法语、中外古典文学等内容。由董希文、苏莹辉两位先生辅导西方美术史、中国美术史等。在兰州举办"常书鸿父女画展"。

1948—1950
- 赴美国波士顿，就读于波士顿艺术博物馆美术学校（Boston Museum School-Department of the Museum of Fine Arts），接受西方正规的绘画造型训练。
- "抗美援朝"开始，1950年12月毅然放弃在美国未完成的学业，提前回国。随父亲与敦煌艺术研究所的人员参加"敦煌艺术展"的筹展工作。

1951—1952
- 随梁思成、林徽因夫妇学习，任清华大学营建系工艺美术教研组助教，并随林徽因先生改进北京景泰蓝的设计工作，将敦煌传统图案加以运用，进行继承和创新发展的探索。
- 在林徽因先生的指导下，为参加首次在北京召开的"亚洲及太平洋区域和平会议"的各国代表设计具有中国传统装饰风格的工艺品作为礼品，从此走上了继承与发展工艺美术设计和教育的人生道路。

1953
- 清华大学实行教学体制改革，应徐悲鸿先生邀请调到中央美术学院实用美术系任教。

1954
- 在苏联专家和奚小彭的指导下，和温练昌老师参加新建的"苏联展览馆"（今北京展览馆）的建筑装饰设计工作。

1955
- 和温练昌老师参加新"首都剧场"的建设，在建筑工程师的配合下，负责外立面及室内整体建筑装饰设计工作，为时近一年。

- 中央工艺美术学院正式成立，调到染织系，从事图案与设计课的教学工作。 1956
- 在中央工艺美术学院从事图案基础课和染织设计课的教学工作。 1957

- 参加为迎接中华人民共和国成立十周年而筹建的"十大建筑"的各项建筑工程及其他装饰设计工作，完成"民族文化宫"铁门镶嵌装饰图案设计、人民大会堂外立面琉璃瓦门楣纹饰及花岗岩须弥座纹饰的设计，以及宴会厅的天顶彩绘石膏花等的整体装饰设计。 1958
- 文物出版社出版发行《敦煌壁画集》，部分敦煌临摹本编入其中。

- 完成了《敦煌历代服饰图案》的收集工作。 1959

- 作为中央工艺美术学院的代表，被评为全国文教战线"三八红旗手"。 1960

- 中央工艺美术学院染织系组织少数民族地区采风的新课题，深入民间收集、整理当地民族的织、绣、印花等图案二百余幅，以及各种织物、服饰和工艺品实物数十件，回京后在中国美术馆举办了"新疆少数民族染织刺绣图案展"。 1961
- 11月，参加由文化部和对外友协组织、楚图南先生率领的"中国文化友好代表团"出访日本，对促进中日恢复邦交正常化起到了重要作用。

- 加入中国共产党。 1964

- "四清"运动开始。随中央工艺美术学院全体师生到河北邢台，与染织系老师李锦璐、徐天许及学生汪雅梅、杨庆英编为一组，安排到南甘寨村，深入农家，和老乡同吃、同住、同劳动（简称"三同"）。 1964—1965
- 中央工艺美院所有人员被下放到河北省获鹿县滹沱河畔的北京军区一五九四部队农场，染织系师生入驻小壁村。

- "文革"后首次参加专业工作是在故宫武英殿为"中国出土文物展"临摹、复制所需的壁画、织物、青铜器、漆器等相关文物上的装饰图案。与周令钊到西安户县草堂寺临摹存放在那里的乾陵永泰公主墓壁画等。由于展览需要，后又增调陈若菊、崔栋良、朱军山、侯德昌，临摹了长沙马王堆棺椁漆画等。 1970

- 中央工艺美术学院恢复了已停滞十年的各项教学工作，常沙娜担任77级班主任，并承担基础图案及染织等设计课程的教学工作。 1972—1974
- 应"日中文化交流协会"邀请，随父亲常书鸿访问日本福冈美术馆、太宰府遗址、观音寺院、古代友禅苑等重点地方。
- 被轻工部任命为中央工艺美术学院副院长。当时陈叔亮老院长对常沙娜提出了"五要"：要依靠全院教职工、要依靠党委、要努力学习、要全力以赴、要舍得为学院做个人的牺牲。这"五要"成为常沙娜后来从事学院工作的准则和鞭策。

1977—1982	• 6月，被国务院任命为中央工艺美术学院院长。
1983	• 担任首都国庆三十五周年庆典活动的总体设计顾问。
1984	• 参加中国妇女代表团组织的活动，出访西班牙和葡萄牙。 • 为庆祝中央工艺美术学院成立三十周年，在《装饰》发表《三十而立—祝贺中央工艺美术学院成立三十周年》的纪念文章。 • 正式将1959年常沙娜、李绵璐、黄能馥赴敦煌摹绘、整理、编著的《敦煌历代服饰图案》一书出版发行，父亲常书鸿大力支持并亲自撰写序文。
1985	• 改革开放后，学院走出国门，国际间的学术交流活动日益频繁。10月，应日本东京艺术大学的邀请，代表中央工艺美术学院组团赴日本参加东京艺术大学建校一百周年的大型纪念活动。
1986	• 成立中央工艺美术学院"环境艺术研究设计中心"。
1987	• 中央工艺美术学院参加国庆四十周年纪念活动的筹备工作。 • 中央工艺美术学院在香港举办"中国现代陶瓷、染织、装饰艺术作品展"。
1988	• 随中国美术家协会陪同王朝闻先生、雷正良前往法国巴黎参加"秋季沙龙"开幕仪式，参观卢浮宫、奥赛博物馆，并看望吕霞光先生。 • 在中央工艺美术学院新建的教学楼展厅举办"常沙娜的敦煌摹本展览"。 • 担任澳门特别行政区区旗、区徽设计的评审委员会委员。
1989	• 在中央工艺美术学院开展国际相关院校的校际交流活动，聘请有关院校的外籍教师来院访问、授课。
1990	• 应法国国立高等装饰艺术学院院长Peduzzi的邀请，与外办法语老师一起，赴法国参加该院工业设计的毕业设计活动，同时在BaTeau-Lavoiy画廊举办了小规模的"敦煌早期临摹作品展"。
1991	• 在常沙娜的倡议下，中央工艺美术学院在法国巴黎的国际艺术城购置了两套工作室（每套三十平方米），每年可供出访进修的教师居住，半年为一期，每年可派出八位教师赴欧洲考察。 • 应东京艺术大学校长平山郁夫先生的邀请，带领学院学术考察团赴日本参加东京艺术大学美术学部在广岛举办的三校（中国的中央工艺美术学院、中央美术学院和日本的东京艺术大学）师生作品联展。

• 被选为首都女教授联谊会会长，组织各院校女教授参加在北京召开的第四次世界妇女大会。 **1992**

• 举行中央工艺美术学院建院四十周年庆祝活动，并在中国美术馆举办师生作品展，全面展示建院以来的成就与各个专业的情况。 **1993**

• 主持设计中央人民政府赠送香港特别行政区的纪念雕塑《永远盛开的紫荆花》。 **1994**
  主编《常书鸿、吕斯百画集》，由岭南美术出版社出版。

• 卸任中央工艺美术学院院长的行政职务。 **1995**
• 当选为第五届中国美术家协会副主席。
• 参加在巴黎国际艺术城展览厅举办的"中国中央工艺美术学院师生作品展"。

• 参加申办奥运会会徽设计方案的评审委员会。 **1996**
为人民大会堂三楼大厅及接待厅设计彩绘图案。

• 为完成"中国敦煌历代装饰图案"课题，两次带研究生赴敦煌莫高窟进行实地调研，整理敦煌历代各类装饰图案。 **1997**
• 在中国美术馆举办"常沙娜艺术作品展"，包括早年在敦煌临摹的壁画摹本、历年的设计成果和花卉写生等三类作品。
• 受命主持并参加设计中央人民政府赠送香港特区的大型礼品雕塑——"永远盛开的紫荆花"。
• 黑龙江美术出版社出版《常沙娜花卉集》。

• 为人民大会堂北京厅做装修设计方案。 **1998**
• 任申办奥运会会徽设计方案评委。

•《中国敦煌历代装饰图案》由清华大学出版社出版发行，作为纪念敦煌研究院成立六十周年暨常书鸿先生诞辰一百周年的献礼。 **2000**

• 在中央工艺美术学院原址展厅与清华大学美术学院展厅举办"《中国敦煌历代装饰图案》绘制整理原稿展"。在中国美术馆举办"常沙娜艺术作品展" **2001**

• 为人民大会堂设计接待厅灯彩画装饰图案。 **2002**
为庆祝中央工艺美术学院成立五十周年，由老师校友们筹集编著《五十情怀—记忆中的中央工艺美术学院》一书。
• 赴香港佛教寺院志莲净苑举办"中国敦煌历代装饰图案展"，同时举办介绍敦煌艺术的讲座。

2003
- 赴香港志莲净苑复制敦煌盛唐328窟、45窟佛尊彩塑，再现敦煌唐代佛尊彩塑。

2004
- 参加中国美术馆"盛世和光—敦煌艺术展"活动，并举办敦煌艺术专场讲座。
- 为人民大会堂北大厅墙面装饰设计《春》《夏》《秋》《冬》四幅浮雕，并与清华大学美术学院工艺美术系周尚仪老师及学生共同完成创作。
- 为人民大会堂118厅创作《蝴蝶兰》。

2005
- 香港志莲净苑举办为期一年的敦煌展，展出常沙娜与敦煌相关的作品四十件。
- 担任国家文化工程《中国工艺美术全集》学术委员会主任。
- 《常沙娜文集》由山东美术出版社出版。

2006
- 10月，被香港理工大学授予"2006年中华优秀等人"称号
- 《黄沙与蓝天——常沙娜人生回忆》由清华大学出版社出版。

2007
- "花开敦煌——常沙娜艺术研究与应用展"先后在北京今日美术馆、深圳关山月美术馆、台湾高雄佛光山佛陀纪念馆、莫斯科中国文化中心、伊斯坦布尔托普哈奈·艾米雷文化艺术中心、丝绸之路（敦煌）国际文化博览会巡回展出。

2008
- "花开敦煌——常沙娜艺术研究与应用展"在中国美术馆举行。

2014
- 开始属于她的《花开敦煌》世界巡展。

2017
- 受邀北京2022年冬奥会和冬残奥会，承担制服装备视觉外观设计评审工作。

2018
- 12月，担任中国美协第九届顾问。

2019
- 12月，获中国文联"终身成就美术家"荣誉称号。
  担任中国美术家协会副主席。
  赴法国吉美博物馆，又见《沙娜像》。

2021
- 推出"世纪华章"景泰蓝大盘。

2023
- 担任中国工艺美术学会名誉会长。

图书在版编目(CIP)数据

敦煌!父亲的召唤/常沙娜著.--北京:中国大百科

全书出版社, 2023.3

　　ISBN 978-7-5202-1310-3

　　Ⅰ.①敦… Ⅱ.①常… Ⅲ.①常沙娜－回忆录 Ⅳ.

①K825.72

　　中国国家版本馆CIP数据核字(2023)第043210号

敦煌！
父亲的召唤

出 版 人 · 刘祚臣

策 划 人 · 黄　鲁　王一珂

责任编辑 · 王一珂　黄　鲁

责任印制 · 朱东旭

装帧设计 · 雅昌设计中心 · 田之友

出版发行 · 中国大百科全书出版社

地　　址 · 北京西城区阜成门北大街17号

邮政编码 · 100037

电　　话 · 010-88390969

网　　址 · http://www.ecph.com.cn

印　　刷 · 北京雅昌艺术印刷有限公司

开　　本 · 889毫米 × 1194毫米 1/32

印　　张 · 11.75

字　　数 · 200千字

印　　次 · 2023年5月第1版　2023年11月第2次印刷

书　　号 · ISBN 978-7-5202-1310-3

定　　价 · 199.00元